LES HYPOTHESES ET LES TABLES DES SATELLITES DE JUPITER, REFORMEÉS SUR DE NOUVELLES OBSERVATIONS.

Par Monsieur CASSINI.

LES HYPOTHESES ET LES TABLES DES SATELLITES DE JUPITER,

réformées sur de nouvelles Obſervations.

I.

Uſage des Obſervations des Satellites de Jupiter dans la Géographie.

N n'a jamais mieux connu l'utilité que l'on peut tirer de l'Aſtronomie, que depuis que LOUÏS LE GRAND a envoyé des Aſtronomes dans toutes les parties du monde pour faire des obſervations correſpondantes à celles qui ſe font en meſme temps à l'Obſervatoire que Sa Majeſté a fait baſtir avec une magnificence Royale. Par le moyen de ces obſervations on a trouvé les différences des longitudes des lieux de la terre les plus éloignez, que l'on n'avoit auparavant marqué dans les cartes que par l'eſtime douteuſe de la longueur des voyages, & l'on a découvert de grandes & dangereuſes fautes dans toutes les cartes de Géographie & d'Hydrographie, qui ont juſqu'à préſent ſervi de guide aux Pilotes dans les navigations de long cours : d'où l'on a connu la néceſſité de continuër ces obſervations pour la correction des cartes géographiques, & pour rendre ces navigations plus ſeûres qu'elles n'ont eſté juſqu'à préſent. Les obſervations principales qui nous ont donné ces lumiéres ont eſté celles que nous avons faites tres-soigneusement de plusieurs éclipses de lune & de soleil, & celles d'un tres-grand nombre d'éclipses des satellites de Jupiter, qui n'avoient jamais esté auparavant employées à cét usage, quoy-qu'on les eust supposées depuis long-temps tres-propres pour servir à perfectionner la géographie & la navigation.

On a premiérement fait en Europe l'essay du succés de ces méthodes ; & lorsque l'on en a esté satisfait, on les a pratiquées dans les autres parties de la terre.

Ces observations faites par divers observateurs l'espace de plusieurs années avec toutes les précautions que le long usage a montré devoir estre prises, ont aussi servi à perfectionner les hypotheses de ces satellites, qui n'avoient esté qu'ébauchées sur des observations moins éxactes dont le nombre n'estoit pas encore suffisant pour en découvrir les propriétez qui ne se manifestent qu'à la longueur du temps.

Avant mon départ de Bologne au mois de Mars 1668. je m'estois pressé de publier mes premiéres tables du mouvement des satellites de Jupiter de la maniére que je les avois faites sur les observations précédentes. Elles n'estoient pas si éxactes que celles que je continuay de faire aprés avoir dressé les éphémerides, qui servent pour prévoir le temps propre à faire les observations, & pour s'y préparer : mais je jugeay qu'il ne falloit pas différer de les donner au public tout imparfaites qu'elles estoient, pendant que je m'apprestois à les réformer ; afin que les Astronomes qui n'en avoient pas d'autres qui pussent servir à cét usage, ni mesme qui fussent propres pour faire distinguer un satellite de l'autre, eussent la commodité d'observer de concert les configurations & les éclipses de ces satellites, pour les faire servir à l'invention des longitudes : ce qui a eû l'effet que j'en avois espéré, ces tables & ces éphémerides n'ayant pas plûtost paru que les Astronomes de diverses nations s'en servirent pour observer de concert ces satellites, & pour tirer du rapport de ces observations la différence des longitudes des lieux éloignez où elles ont esté faites.

C'estoit un projet que Galilée long-temps aprés la découverte de ces satellites, & d'autres Astronomes aprés luy, avoient formé, se fondant sur la vîtesse du mouvement de ces petites planettes, qui est sensible en peu de temps par les lunétes. Mais personne n'avoit encore esté en état de l'éxécuter.

M. de Peiresc, au rapport de M. Gassendi au 2. liv. de sa vie, aprés avoir appris la découverte des satellites de Jupiter faite par Galilée, avoit entrepris de travailler aux hypotheses & aux tables de ces satellites, & employa à ce dessein plusieurs personnes sçavantes, & entr'autres M. Morin qui depuis fit divers Traitez pour trouver les longitudes par d'autres méthodes. Aprés avoir trouvé les temps pendant lesquels ces satellites font à peu prés leurs révolutions, & avoir veû les observations de Galilée & de Kepler, il inventa une théorie méchanique pour trouver en tout temps les lieux de ces satellites, qu'il ne trouva pas à propos de donner au public, s'estant contenté de faire quelque essay de son usage. Il croyoit que si l'on observoit en divers lieux les configurations de ces satellites, on pourroit déterminer éxactement les distances, & par ce moyen corriger les tables & les cartes géographiques, & perfectionner la navigation : mais aprés plusieurs observations faites en divers lieux par plusieurs observateurs, l'un desquels alla pour cét effet vers l'Orient jusqu'à Alep, il ne jugea pas que ces observations fussent suffisantes, & cette invention ne luy parut pas si générale qu'il s'estoit d'abord figuré : c'est pourquoy il abandonna entiérement cette entreprise, espérant que Galilée & Kepler y pourroient mieux réussir, & particuliérement lorsqu'il apprit que Galilée avoit formé le dessein de s'y appliquer, & qu'il estoit en traitté avec les Hollandois qui cherchoient depuis long-temps le secret des longitudes. Mais aprés que Galilée eût travaillé 27. ans à observer ces satellites, la perte qu'il fit de la veûë l'empescha de continuer ses observations, & rendit inutile le secours de diverses Puissances de l'Europe, & particuliérement des Hollandois qui avoient mesme député Hortensius, & Blaew, & d'autres Mathématiciens pour luy aider à observer, & à faire le calcul nécessaire pour la construction des tables.

Reineri auteur des Tables Médicées, qui comprennent les Tables les plus célébres faites depuis 400. ans, réduites à une mesme forme, ayant succédé au travail de Galilée sous la protection du Grand Duc de Toscane, continua pendant plusieurs années les observations des satellites de Jupiter que Galilée avoit appellé *Astres Médicées*. Il s'estoit déslors proposé de faire des tables propres pour servir à trouver les longitudes, & il les promit au public l'an *1639.* dans la premiére édition de ces tables : mais dans la seconde édition des mesmes tables augmentées & réformées qu'il fit neuf ans aprés, il ne dit pas un seul mot des tables des satellites qu'il avoit fait espérer dans la premiére; ce qui donne lieu de juger qu'il y avoit trouvé plus de difficulté qu'il n'avoit supposé d'abord : & on ne sçait pas quelle issuë avoit eû le long travail qu'il avoit fait sur ces satellites à Florence, tout ce qu'il en avoit écrit ayant esté perdu à sa mort nonobstant les soins que le Grand Duc prit de les faire chercher.

Les tables qu'Hodierna fit quelque temps aprés estant fondées sur les observations de peu d'années, s'estoient en peu de temps si écartées du ciel qu'elles n'estoient pas mesme capables de représenter à peu prés les configurations des satellites; & Marius s'estant trop pressé de publier ces tables, pour prévenir Galilée, avoit encore plus mal réüssi.

On ne voit pas que d'autres qui avoient proposé de trouver les longitudes par le moyen des satellites de Jupiter, sceussent de quelle maniére il falloit s'y prendre, ni quelles phases des satellites il falloit choisir pour réüssir. Hérigone l'an 1644. en avoit proposé une maniére en ces termes : *Observetur ope optimi telescopii quotâ horâ observationis aliquod Jovialium siderum appellat ad lineam ab oculo intuentis per centrum Jovis transeuntem :* mais cette maniére n'est nullement praticable, parce que les satellites ne sont point visibles lorsqu'ils sont dans cette ligne visuelle qui va au centre de Jupiter, & il n'y en a aucun qui se rencontre dans cette ligne plus de deux, quatre, ou six fois durant une révolution de Jupiter de 12. années, à cause de leur latitude apparente dont les régles n'estoient pas connuës avant la publication de mes tables.

Ce n'a esté qu'aprés un grand nombre d'expériences faites en observant ces satellites de concert avec d'autres observateurs, premiérement dans un mesme lieu, ensuite en des lieux éloignez l'un de l'autre, que nous avons trouvé quelles sont les phases les plus propres pour déterminer les longitudes. Ces expériences nous ont fait connoistre qu'il faut préférer à toutes les autres phases les éclipses que ces satellites souffrent en passant par l'ombre de Jupiter, dont on peut observer l'entrée & la sortie, & quelquefois l'une & l'autre, sans que deux observateurs soient en différend entr'eux d'un quart d'une minute d'heure (qui est une éxactitude beaucoup plus grande que toute celle que l'on pouvoit avoir auparavant par les éclipses de lune) & que les éclipses du premier satellite, qui est plus viste que les autres & qui entre plus diréctement dans l'ombre, se peuvent déterminer encore avec une plus grande précision; qu'aprés ces éclipses des satellites on peut se servir de leurs conjonctions apparentes avec Jupiter & entr'eux-mesmes, & particuliérement quand ils se rencontrent en venant des parties opposées; & que les observations des ombres qu'ils jettent sur le disque de Jupiter, quand ils passent entre cette planette & le soleil que nous avons découvert estre souvent tres-sensibles, sont utiles à ce dessein, comme le sont aussi les taches permanentes qui paroissent souvent sur la surface de Jupiter, & qui font autour de luy la révolution la plus prompte de toutes celles que nous avons jusqu'icy découvertes dans le ciel, quoy-que l'instant du passage de ces taches par le milieu de Jupiter ne se puisse pas déterminer avec la mesme subtilité que l'instant des éclipses de ses satellites.

II.

De la situation des cercles des Satellites de Jupiter.

Mais pour déterminer les éclipses des satellites de Jupiter il n'estoit pas

pas moins important de trouver la ſituation de leurs cercles à l'égard de l'écliptique & de l'orbite de Jupiter, qu'il a eſté néceſſaire pour prévoir les éclipſes de lune de déterminer la ſituation de ſon orbite à l'égard de l'écliptique : car l'orbite de Jupiter, par laquelle cette planette fait ſa révolution périodique de 12. années autour du ſoleil, eſt à l'égard des cercles ſur leſquels les ſatellites font leurs révolutions particuliéres, ce que l'écliptique eſt à l'égard de l'orbite de la lune ; & le globe de Jupiter qui eſt ſuppoſé eſtre au centre du ſyſtême de ces ſatellites, eſt à leur égard ce que la terre, qui eſt au centre du ſyſtême de la lune, eſt à l'égard de la lune meſme.

Le ſoleil ſelon les hypotheſes modernes eſt toûjours dans le plan de l'orbite de Jupiter, comme il eſt toûjours dans le plan de l'écliptique ; & le rayon qui va du centre du ſoleil au centre de Jupiter, s'étend ſur le plan de ſon orbite, comme le rayon qui va du centre du ſoleil au centre de la terre, s'étend ſur le plan de l'écliptique. Le globe de Jupiter qui eſt opaque comme le globe de la terre, termine les rayons du ſoleil, & fait à l'oppoſite une ombre dont l'axe eſt couché ſur le plan de ſon orbite ; comme la terre termine les rayons du ſoleil, & fait une ombre dont l'axe eſt couché ſur le plan de l'ecliptique : & quand les ſatellites de Jupiter, qui ſont auſſi opaques que la lune, rencontrent dans leurs révolutions l'ombre de Jupiter ; ils s'éclipſent par la perte de la lumiére qu'ils reçoivent du ſoleil, comme la lune s'éclipſe quand elle rencontre l'ombre de la terre. De meſme, quand les ſatellites paſſent devant Jupiter ſi prés de ſon orbite qu'ils rencontrent les rayons du ſoleil qui vont à Jupiter ; ils y font une eſpéce d'éclipſe de ſoleil, faiſant une ombre ſur le globe de Jupiter, de la meſme maniére que la lune paſſant devant le ſoleil ſi prés de l'écliptique qu'elle rencontre les rayons qui vont à la terre, fait l'éclipſe ordinaire du ſoleil. C'eſt par ces raiſons que l'orbite de Jupiter peut eſtre appellée l'écliptique de Jupiter & de ſes ſatellites, comme la ligne du mouvement annuel, ſoit du ſoleil, ſoit de la terre, eſt l'écliptique du ſoleil & de la lune, quoy-qu'elle ſoit appellée écliptique ſimplement à cauſe que les éclipſes de ſoleil & de lune qui ſe font ſur cette ligne, ſont les premiéres qui ayent eſté obſervées.

Or dans le ſyſtême de la lune la variété des éclipſes dépend principalement de la ſituation de l'orbite de la lune à l'égard de l'écliptique. Si cette orbite eſtoit couchée ſur le plan de l'écliptique, ſur laquelle le rayon qui va du centre du ſoleil au centre de la terre, & l'axe de l'ombre de la terre meſme eſt couché ; dans toutes les conjonctions de la lune avec le ſoleil il arriveroit une éclipſe centrale de ſoleil à l'endroit de la terre qui auroit le ſoleil au zénith, & dans toutes les oppoſitions de la lune au ſoleil il arriveroit une éclipſe centrale de lune. De meſme, ſi les cercles du mouvement propre des ſatellites de Jupiter estoient couchez sur l'orbite de Jupiter, tous les satellites dans leurs conjonctions avec le soleil veûës de Jupiter luy causeroient des éclipses centrales, & dans toutes les oppositions tous les satellites souffriroient aussi une éclipse centrale.

Mais parce que l'orbite de la lune décline de l'écliptique & la coupe en deux points opposez, qui sont les nœuds de la lune; les éclipses centrales n'arrivent que quand le soleil veû de la terre, & la terre veûë du soleil, se rencontrent dans les nœuds de la lune : ce que l'on peut appliquer aux satellites de Jupiter, en cas que leurs cercles déclinent de l'orbite de Jupiter. Les éclipses des satellites ne seront donc centrales en ce cas, que lorsque le soleil veû de Jupiter, ou Jupiter veû du soleil, se rencontrera dans les nœuds de ces satellites : Et comme dans les conjonctions de la lune avec le soleil, qui arrivent à quelque distance des nœuds de la lune, on est obligé de considérer cette distance, qui jointe à la déclinaison de l'orbite de la lune, détermine sa latitude, qu'il faut comparer à l'espace que la lune, la terre, & son ombre occupent dans l'orbe de la lune, pour déterminer s'il y aura éclipse, ou non; & s'il y en a, quelle en sera la grandeur & la durée : on sera obligé de faire la mesme recherche dans les conjonctions des satellites de Jupiter veûës du Soleil, pour déterminer leurs éclipses, si leurs cercles déclinent de l'orbite de Jupiter : c'est pourquoy il est nécessaire de trouver les nœuds où ils la coupent.

On ne peut pas voir de la terre les éclipses des satellites de Jupiter ni prés des conjonctions de Jupiter avec le soleil quand il est caché dans ses rayons, ni dans le temps des oppositions quand l'ombre de Jupiter terminée dans les orbes des Satellites n'est pas exposée à la terre, mais cachée par le globe de Jupiter qui est entre la terre & l'ombre. Nous pouvons observer ces éclipses quand Jupiter est éloigné des oppositions & des conjonctions avec le soleil, lorsque la terre est à costé de la ligne qui va du soleil à Jupiter & à son ombre : car alors cette ombre paroist au moins en partie à costé de Jupiter, & on perd de veûë les satellites lorsqu'ils la rencontrent. La distance du centre de l'ombre de Jupiter aux nœuds de ses satellites estant comparée à leur déclinaison & au diametre de l'ombre détermine leurs éclipses; ce qui nous oblige à déterminer leurs nœuds avec toute la justesse possible. Il est toûjours difficile de déterminer avec justesse les nœuds des planettes. Si les planettes laissoient aprés elles des traces visibles, les nœuds aussi où elles s'entrecoupent seroient visibles, & on les pourroit déterminer de la mesme maniére que l'on fait les lieux des planettes : mais parce qu'elles n'en laissent point de traces visibles, il faut chercher ces nœuds par des méthodes plus difficiles. On trouve ceux de la lune, ou par les observations des éclipses centrales qui sont tres-rares, ou en comparant ensemble un grand nombre d'éclipses partiales ; & ceux des autres planettes, en observant en divers temps la mesme planette en divers lieux éloignez les uns des autres, les déterminant à l'égard des étoiles fixes qui se rencontrent dans leur route de costé & d'autre à certaines distances qu'il faut mesurer pour pouvoir reconnoistre précisément ces mesmes lieux & les comparer ensemble, afin de tirer par tous ces lieux la trace du mouvement apparent de la planette : & parce que le mouvement apparent est souvent composé de plusieurs mouvemens simples, de sorte que la trace visible qui en résulte n'est pas le plus souvent circulaire, mais qu'elle serpente ; il faut distinguer les mouvemens qui les composent, pour trouver les traces simples. Les nœuds de la lune sont plus connus universellement que ceux des autres planettes, parce que nous avons des observations réglées des éclipses de lune de plus de 24. siécles, qui ont esté continuées jusqu'à présent : & on ne laisse pas d'observer les configurations de la lune avec les étoiles fixes, qui servent à déterminer hors des éclipses la position de son orbite qui est une ligne circulaire dont le plan passe par le centre de la terre, & l'on n'a pas besoin de la réduire, si ce n'est quand il y a de la parallaxe qui y peut apporter un peu de diversité ; c'est pourquoy les Astronomes modernes ne sont pas en différend entr'eux d'un degré entier dans la détermination des nœuds de la lune.

Ils ne s'accordent pas si bien dans les nœuds des autres planettes, comme l'on peut voir par les nœuds de Jupiter dont la détermination est nécessaire à la théorie de ses satellites, Kepler & Lansberge estant en différend avec M. Boüillau & avec le Pere Riccioli dans le lieu de ces nœuds de plus de 3. degrez, & estant éloignez de Copernic de plus de 22. degrez. On ne peut déterminer ces nœuds que par les observations des latitudes apparentes jointes aux longitudes ; & il ne faut pas employer ces latitudes ni ces longitudes comme elles sont veûës de la terre, mais il faut par le moyen des hypotheses les réduire aux apparences veûës du soleil qui est dans le plan de l'orbite de Jupiter, pour déterminer où cette orbite coupe l'écliptique, & combien elle en décline.

Les nœuds des satellites de Jupiter avec son orbite sont encore beaucoup plus difficiles à déterminer que ceux de la lune & de Jupiter. Leurs éclipses centrales, qui ne retournent par nos observations que de six ans en six ans, & que l'état de l'air ne permet pas toûjours d'observer quand elles arrivent, ne se distinguent pas aisément d'avec les autres, comme on peut distinguer celles de lune, qui peuvent servir à cét usage. Quoy-que l'on ne puisse pas voir immédiatement si au milieu de l'éclipse le centre de la lune concourt avec le centre de l'ombre qui n'est pas visible ; néanmoins si quand elle est immergée environ de sa moitié, l'on observe attentivement la partie de la circonférence de l'ombre qui tombe dans le disque de la lune, cette partie qui eſt ſouvent plus de la neuviéme de toute la circonférence de l'ombre, peut ſervir à trouver la ligne qui paſſe par les centres de la lune & de l'ombre, & à la tracer dans le diſque de la lune, obſervant par quelles taches éloignées les unes des autres elle paſſe: & ſi on trouve que tant à l'entrée qu'à la ſortie cette ligne paſſe par toutes les meſmes taches, on peut conclure que l'éclipſe a eſté centrale; mais ſi à la ſortie cette ligne tirée par les centres de la lune & de l'ombre paſſe par des taches différentes de celles par leſquelles elle avoit paſſé à l'entrée, on en peut conclure que l'éclipſe n'a pas eſté centrale, & on peut tâcher de trouver le centre de l'ombre par la partie de la circonférence qui tombe ſur le diſque de la lune à l'entrée & à la ſortie, & meſurer de combien le centre de la lune en a eſté éloigné.

Mais dans les éclipſes des ſatellites de Jupiter on ne diſtingue point meſme par les lunétes les plus excellentes qu'on y ait employées juſqu'à préſent, le terme circulaire de l'ombre dans leur diſque: il paroiſt ſeulement que le ſatellite diminuë peu à peu ſans changer de figure, les pointes du croiſſant qui ſe forme n'eſtant pas aſſez ſenſibles d'une ſi grande diſtance; & à meſure que le ſatellite diminuë, ſa lumiére ſemble auſſi s'affoiblir peu à peu juſqu'à ce qu'il diſparoiſſe entiérement; ce qui arrive ſans doute un peu avant l'immerſion totale dans l'ombre, quand la partie qui reſte éclairée n'eſt plus ſenſible par nos lunétes: de là vient que par les lunétes plus petites & moins excellentes on perd plûtoſt de veûë les ſatellites, quoy-que nous ayons expérimenté qu'un peu de différence dans la longueur des lunétes ne fait pas une différence conſidérable dans le temps de l'immerſion.

De meſme dans la ſortie de l'ombre, le ſatellite commence à paroiſtre comme un point qui augmente peu à peu en grandeur & en clarté ſans aucun changement de figure. On appercevra peut-eſtre la différence des phaſes dans les éclipſes des ſatellites quand on aura porté les lunétes à une plus grande perfection; mais la partie de la circonférence de l'ombre qui tombe ſur le diſque d'un ſatellite eſt ſi petite, qu'elle ne pourra pas ſervir à trouver aſſez exactement le centre de l'ombre de Jupiter dont le diamétre eſt 20. fois plus grand que celuy d'un ſatellite, au lieu que le diamétre de l'ombre de la terre n'eſt que trois fois plus grand que le diamétre de la lune.

Il ne reſte donc qu'à comparer enſemble un grand nombre d'éclipſes d'un meſme ſatellite de Jupiter, & particuliérement de celles dont on aura obſervé le commencement & la fin, pour choiſir celles qui auront eſté de plus longue durée, que l'on pourra ſuppoſer eſtre les plus centrales, à moins que l'on ne trouve dans le mouvement des ſatellites des inégalitez conſidérables, qui puiſſent empeſcher que les éclipſes centrales ne ſoient toûjours celles qui ſont de plus longue durée.

Mais

Mais nous ne pouvons pas voir le commencement & la fin de toutes les éclipſes des ſatellites de Jupiter. Nous pouvons obſerver quelquefois ces deux phaſes dans les éclipſes du troiſiéme, & dans celles du quatriéme, & particuliérement proche des quadratures de Jupiter avec le ſoleil, lors que la terre eſt aſſez éloignée de la ligne droite qui va du ſoleil à Jupiter, pour découvrir dans les orbes de ces deux ſatellites, qui ſont les plus éloignez de Jupiter, l'endroit oppoſé au ſoleil où ſe termine l'ombre de Jupiter, & d'où elle nous paroiſt d'autant plus éloignée que Jupiter eſt plus proche de ſes quadratures.

Il n'en eſt pas de meſme du premier & du ſecond ſatellite, parce qu'ils ſont ſi proches de Jupiter, que meſme dans ſes quadratures avec le ſoleil, Jupiter nous cache une partie de ſon ombre terminée aux orbes de ces deux ſatellites. C'eſt pourquoy dans leurs éclipſes centrales nous ne pouvons voir que leur entrée dans l'ombre avant l'oppoſition de Jupiter avec le ſoleil, ou leur ſortie de l'ombre aprés l'oppoſition de Jupiter, & non pas l'une & l'autre phaſe de la meſme éclipſe. Dans les éclipſes qui ne ſont point centrales, le ſecond ſatellite paſſe quelquefois ſi loin du centre de l'ombre par la partie qui n'eſt pas cachée de Jupiter, que nous le pouvons voir, quoy-que rarement, non ſeulement quand il y entre, mais encore quand il en ſort ; ce qui n'arrive jamais au premier ſatellite, parce que la plus grande partie de la ligne de ſon incidence dans l'ombre nous eſt toûjours cachée par le diſque de Jupiter : c'eſt pourquoy nous ne ſçaurions jamais obſerver dans une meſme éclipſe que ſon entrée dans l'ombre ou ſa ſortie ; & par conſéquent nous ne ſçaurions obſerver immédiatement la durée de ſes éclipſes dans l'ombre.

Nous ſommes obligez d'avoir recours à l'obſervation des conjonctions apparentes de ce ſatellite dans la partie inférieure de ſon cercle, dont nous pouvons obſerver toute la durée, qui n'eſt que peu différente de la durée de ſon paſſage par l'ombre : car nous ne ſçaurions obſerver le commencement & la fin d'une meſme conjonction apparente de ce ſatellite dans la partie ſuperieure de ſon cercle, ſi ce n'eſt dans les oppoſitions de Jupiter avec le ſoleil, lors que la partie occidentale de l'ombre où le ſatellite entre, ou l'orientale d'où il ſort, nous eſt entiérement cachée par le globe de Jupiter. Aux autres temps que Jupiter ne nous cache qu'une de ces deux parties de l'ombre, le ſatellite eſt caché dans l'autre partie, quand ſa conjonction dans la partie ſupérieure de ſon cercle devroit commencer, ſi l'ombre eſt à l'occident de Jupiter, comme il arrive avant ſon oppoſition avec le ſoleil ; ou quand la conjonction devroit finir, ſi l'ombre eſt à l'orient, comme il arrive aprés l'oppoſition.

Pour ce qui eſt des autres ſatellites, parce que l'endroit de leurs orbes où ſe termine l'ombre de Jupiter proche de ſes quadratures avec le ſoleil ſe voit de la terre entiérement détaché de Jupiter, on peut voir le commencement & la fin, tant de leurs conjonctions apparentes dans la partie ſupérieure de leurs cercles, que de leurs éclipſes dans l'ombre; mais proche des oppoſitions du ſoleil avec Jupiter on ne voit que l'une ou l'autre phaſe. La meſme choſe arriveroit prés des conjonctions de Jupiter avec le ſoleil, ſi ſes rayons n'empeſchoient pas de voir Jupiter & ſes ſatellites.

Mais pour ce qui eſt des conjonctions des ſatellites avec Jupiter dans la partie inférieure de leurs cercles, ſoit qu'elles ſoient centrales ou non, on en peut obſerver indifferemment le commencement & la fin, & par conſéquent la durée: & ſi l'on pouvoit voir les ſatellites quand ils paſſent par le milieu de Jupiter, comme nous les voyons ſouvent prés du bord oriental, un peu aprés qu'ils y ſont entrez, & proche du bord occidental un peu avant qu'ils en ſortent; nous pourrions diſtinguer immédiatement leurs éclipſes centrales des autres, & meſurer leur diſtance du centre de Jupiter dans les conjonctions qui ne ſont point centrales. Mais parce que nous ne voyons pas ordinairement les ſatellites de Jupiter vers le milieu de ſon diſque, nous ne pouvons juger à quelle diſtance du centre ils paſſent, que par la direction de leur mouvement obſervée avant & aprés la conjonction. Comme il n'y a point autour de Jupiter de points fixes à ſon égard, auſquels nous puiſſions comparer en divers temps les lieux des ſatellites pour juger par ce moyen de la ligne de leur direction, nous ſommes obligez d'avoir recours aux marques qui paroiſſent dans Jupiter meſme.

Les bandes obſcures & claires du diſque de Jupiter que nous avons trouvé eſtre à peu prés paralleles à la ligne du mouvement des ſatellites, nous aident à juger de la direction de leur mouvement dans leurs conjonctions, lors qu'ils touchent ce diſque à l'extrémité d'une de ces bandes: & c'eſt par ce moyen que nous pouvons diſtinguer les conjonctions centrales des autres.

Mais parce que les conjonctions centrales des ſatellites de Jupiter ſont trés-rares, & qu'on ne peut pas toûjours les obſerver quand elles arrivent; on trouvera à peu prés le temps auquel les conjonctions centrales ſont arrivées, ſi l'on compare enſemble les conjonctions qui ont précedé les centrales avec celles qui les ont ſuivies, & particuliérement celles dans leſquelles les latitudes meridionales des unes ont eſté égales aux latitudes ſeptentrionales des autres; car le temps entre les deux ſera à peu prés celuy auquel les conjonctions centrales ont dû arriver. Je dis à peu prés: car il peut y avoir quelque différence conſidérable, d'autant que les meſmes latitudes apparentes des ſatellites réſultent du concours de diverſes cauſes qui ne ſe rencontrent les mesmes que rarement : & à moins qu'on ne distingue ce qui est fait par une cause de ce qui est fait par une autre ; on s'y peut tromper de beaucoup.

Le temps des conjonctions centrales des satellites sert à trouver le temps de leurs éclipses centrales dans l'ombre qui n'arrivent pas ordinairement dans la mesme révolution que leurs conjonctions centrales vûës de la terre. Car à moins que Jupiter ne soit dans l'opposition du soleil sans latitude, ce qui n'arrive qu'à peine une fois en un siécle ; nostre rayon visuel qui va au centre de Jupiter décline de l'axe de son ombre tant en longitude qu'en latitude. Nous avons donc besoin de la methode de trouver l'intervalle entre les conjonctions centrales des satellites & leurs éclipses centrales dans l'ombre ; & cette méthode ne se peut trouver qu'aprés avoir ébauché la théorie des satellites. Nous nous sommes servis de cette méthode pour trouver l'intervalle qu'il y a entre le temps des éclipses centrales, qui arrivent dans la ligne des nœuds des satellites, & celuy des conjonctions centrales, qui arrivent vers le temps que les satellites paroissent tous dans la mesme ligne droite en toutes leurs configurations avec Jupiter, ayant supposé que les cercles du mouvement des satellites soient tous à peu prés dans le mesme plan.

Enfin nous avons trouvé une autre maniére de déterminer le temps des éclipses centrales de ces satellites par les observations de leurs ombres que nous avons découvertes dans le disque de Jupiter : car il n'y a point de doute que les éclipses ne soient centrales quand ces ombres passent si prés du centre apparent de Jupiter, qu'il n'y a autre difference que celle qui vient de ce que la terre d'où nous voyons ces ombres, n'est pas dans la ligne droite qui va du soleil à Jupiter ; & comme nous pouvons sçavoir assez précisément par les hypotheses astronomiques de combien est cette différence, nous ne pouvons pas nous tromper de beaucoup y ayant égard.

Par ces différentes maniéres nous avons toûjours trouvé les nœuds des cercles des satellites avec l'orbite de Jupiter à deux ou trois degrez du milieu d'Aquarius & du Lion. Les autres observateurs dont les uns ont observé en un temps & les autres en un autre, ont trouvé ces nœuds en différens lieux.

Il parut à Galilée l'an 1611. que ces cercles estoient dans le plan de l'écliptique : d'où il résulte que les nœuds de ces satellites avec l'orbite de Jupiter concoururent avec les nœuds mesmes de Jupiter, qui sont dans les Signes du Cancer & du Capricorne.

Nous trouvasmes l'an 1653. que leur nœud ascendant estoit au 15. degré d'Aquarius, & leur nœud descendant au 15. du Lion.

M. Borelli infere des observations d'Hodierna de l'an 1655. que leurs nœuds estoient alors dans les Signes du Cancer & du Capricorne : & M. Borelli luy-mesme en 1664. & 1665. les trouva entre les Signes du Capricorne & d'Aquarius.

Nous les trouvasmes l'an 1665. vers le 14. degré du Lion & d'Aquarius à peu prés comme en l'année 1653. & depuis ce temps-là en tous les retours de Jupiter aux mesmes Signes nous avons trouvé ces nœuds au mesme endroit à un ou deux degrez prés.

Il y en a enfin qui ont cru que les cercles des satellites ne coupent en nulle part l'orbite de Jupiter, mais qu'ils sont sur le mesme plan : ce que nous examinerons dans la suite.

III.

Diverses maniéres de considerer les latitudes des Satellites de Jupiter.

IL reste à chercher si les différentes situations des cercles des satellites observées en divers temps par divers Astronomes, sont arrivées par quelque mouvement réel, comme nous avions supposé du commencement, ou par la faute des Observateurs, comme il nous a paru plus vray-semblable aprés que nous avons conferé ensemble nos observations de plusieurs révolutions de Jupiter qui montrent les nœuds des satellites toûjours au mesme lieu ou à peu prés. Car puis que dans les nœuds de Jupiter déterminez par divers Astronomes, il y a une différence considérable que l'on ne sçauroit attribuer qu'aux observations dont on s'est servi pour les chercher, ou à la méthode qu'on y a employée ; il n'y a plus lieu de s'étonner si dans les nœuds des satellites, qui sont beaucoup plus difficiles à déterminer que ceux de Jupiter, on peut s'estre mépris de presque toute la difference qui se trouve entre divers Observateurs. Pour résoudre un doute d'une si grande conséquence, il est nécessaire d'examiner les maniéres dont divers Observateurs s'y sont pris pour trouver les latitudes des satellites qui ont servi à chercher leurs nœuds.

Nous avons remarqué que tous les Observateurs n'ont pas toûjours fait la distinction qu'il faut entre les latitudes veûës de la terre qui réglent les conjonctions apparentes des satellites, & les latitudes veûës du soleil qui réglent leurs éclipses dans l'ombre ; & qu'ils n'ont pas bien connu la dépendance que ces deux espéces de latitudes ont d'une troisiéme, qui est celle des latitudes des satellites veûës de Jupiter.

Les latitudes veûës de la terre sont les premiéres connuës par les observations : on vient à la connoissance des latitudes veûës du soleil par le moyen des observations des latitudes veûës de la terre, jointes à la théorie du soleil & de Jupiter : & pour connoistre les latitudes des satellites veûës de Jupiter, il faut supposer la connoissance des latitudes veûës de la terre, la théorie du soleil & de Jupiter,

ter, & en partie celle de ses satellites. Il faut suivre cét ordre pour parvenir à la connoissance de la véritable situation des cercles des satellites à l'égard de l'orbite de Jupiter & de l'écliptique, laquelle situation se détermine par les nœuds des orbes des satellites avec les plans de ces cercles, & par leur déclinaison, qui sont les deux élemens de la théorie de leurs latitudes.

La théorie des latitudes estant établie, il faut suivre un ordre contraire pour déterminer les éclipses des satellites de Jupiter & leurs conjonctions apparentes. La distance des satellites à leurs nœuds veüë de Jupiter, & la déclinaison de leurs cercles, servent à trouver leurs latitudes veûës de Jupiter: Ces latitudes & la théorie de Jupiter & du soleil servent à trouver les latitudes des satellites veûës du soleil: Et enfin les latitudes veûës du soleil jointes à ces théories servent à trouver les latitudes veûës de la terre.

Nous avons aussi remarqué que dans l'observation des satellites les latitudes de la mesme espece n'ont pas esté toûjours prises du mesme terme. Personne n'a pris pour terme des latitudes des satellites l'écliptique commune, qui est le terme commun des latitudes des autres Planétes & des étoiles fixes; ce qui n'est pas sans raison: car les latitudes des satellites prises de l'écliptique ne réglent pas immédiatement leurs conjonctions ni leurs éclipses, & ne s'observent pas immédiatement par la lunette. Il est plus à propos de prendre pour terme des latitudes de ces satellites une ligne qui passe par le centre de Jupiter suivant la direction de leurs mouvemens propres, afin que dans leurs conjonctions ces latitudes servent immédiatement à trouver si les éclipses ou les conjonctions sont centrales, & quelle est leur distance du centre, si elles ne sont pas centrales: ce qui sert aussi à déterminer leur durée, & le temps de leur commencement & de leur fin.

Comme l'orbite de Jupiter est décrite par le mouvement périodique de son centre, il y en a qui ont pris cette orbite pour terme des latitudes des satellites: ce qui seroit commode si les cercles du mouvement des satellites estoient sur l'orbite de Jupiter; auquel cas ils ne laisseroient pas d'avoir une latitude apparente à l'égard de la terre, à cause de l'élevation de nostre œil sur le plan de cette orbite: Mais il y en a d'autres qui ont pris pour terme des latitudes des satellites la ligne qui passe par les points de leurs plus grandes digressions.

IV.

Des latitudes des satellites de Jupiter veûës de la terre.

DANS les conjonctions centrales des satellites de Jupiter veüës de la terre, nostre rayon visuel qui va au centre de Jupiter rase le plan de leurs cercles que l'on suppose passer par le centre mesme de Jupiter, comme le plan de l'orbite de la lune passe par le centre de la terre; & alors ces cercles sont representez comme une ligne droite qui passe par le centre de Jupiter, sur laquelle les satellites n'ont point de latitude propre en toute leur révolution. Car il ne s'agit pas icy de la latitude commune qui est la distance des Planettes à l'écliptique; mais il s'agit de la latitude propre des satellites de Jupiter, qui se prend de la ligne qui passe par le centre mesme de Jupiter étenduë selon la longitude du mouvement apparent que les satellites font de costé & d'autre de Jupiter, soit que cette ligne soit parallele à l'écliptique, comme Galilée supposa d'abord; ou qu'elle soit étenduë selon l'orbite de Jupiter, comme d'autres l'ont supposé; ou qu'elle décline de l'écliptique & de l'orbite de Jupiter en quelque maniére que ce soit. Mais dans les conjonctions apparentes des satellites de Jupiter qui ne sont point centrales, nostre rayon visuel qui va au centre de Jupiter est un peu élevé sur le plan des cercles des satellites: c'est pourquoy ces cercles sont representez à nostre œil comme des ellipses, dont le plus petit diamétre est la ligne qui represente le diamétre du cercle le plus oblique qui soit à nostre rayon visuel dans le systême du satellite, ces cercles estant supposez concentriques à Jupiter, jusqu'à ce qu'on y trouve quelque excentricité évidente. Ayant pris dans ce mesme cercle le diamétre perpendiculaire à nostre rayon visuel, ce diamétre dont les extrémitez sont également éloignées de la terre, fait la distinction de la partie supérieure la plus éloignée de la terre, d'avec l'inférieure la plus proche de la terre: il ne divise pourtant pas éxactement en deux parties égales l'ellipse apparente qui represente le mesme cercle; parce que la partie supérieure estant plus éloignée de la terre que l'inférieure, paroist un peu plus petite; ainsi le centre de Jupiter est un peu éloigné du centre de cette ellipse vers la partie supérieure, & le plus grand diamétre de l'ellipse tombe dans la partie inférieure du cercle; & les points des plus grandes digressions du satellite sont aux extrémitez du plus grand diamétre de l'ellipse.

Ces deux points opposez des digressions, qui divisent l'ellipse apparente en deux parties égales, ne divisent donc pas éxactement le cercle du satellite en deux parties égales: il y a un peu de différence; mais cette différence dans le quatriéme satellite, où elle est plus grande, ne monte qu'à 25. ou 26. minutes de la circonférence d'un grand cercle décrit dans l'orbe de ce satellite; c'est pourquoy on la néglige communément, & l'on prend ordinairement pour ligne de la longitude des satellites le plus grand diamétre de l'ellipse, au lieu du diamétre perpendiculaire à nostre rayon visuel dans le cercle representé par cette ellipse.

Les latitudes synodiques des satellites se prennent sur le plus petit diamétre de l'ellipſe de coſté & d'autre du centre de Jupiter, & elles ſont les plus grandes latitudes qui arrivent dans une meſme révolution du ſatellite : les autres latitudes ſe prennent de coſté & d'autre de la ligne de longitude ſur des lignes perpendiculaires. Ces latitudes diminuent continuellement ſelon la diſtance du ſatellite à Jupiter ; & celles qui ſont dans la partie inférieure plus proche de la terre, ſont un peu plus grandes que celles qui ſont à pareille diſtance de Jupiter dans la partie ſupérieure plus éloignée de la terre : mais la différence en eſt ſi petite, qu'on la néglige communément & ſans erreur ſenſible.

Galilée & les autres qui l'ont ſuivi, ne donnent pas d'autre idée des latitudes que celle que nous venons d'expliquer : car ils n'ont pas reconnu d'autre terme des latitudes des ſatellites que les diamétres de leurs cercles qui diſtinguent les demicercles ſupérieurs plus éloignez de la terre, des demicercles inférieurs plus proches de la terre : ils ont ſuppoſé que les latitudes dans les demicercles ſupérieurs ſont toûjours contraires à celles qui ſont dans les demicercles ſupérieurs ; de ſorte que ſi les unes ſont ſeptentrionales, les autres ſont méridionales : & enfin ils ont ſuppoſé que dans les plus grandes digreſſions qui ſont prés des extrémitez de ce diamétre, il n'y a point de latitude. Mais M. Borelli a une idée différente des latitudes des ſatellites. Il ſuppoſe qu'il faut toûjours les prendre de l'orbite ou écliptique de Jupiter, ſoit que les points des plus grandes digreſſions ſe trouvent dans cette orbite, ou qu'ils ne s'y trouvent pas : en ce cas il attribuë de la latitude aux ſatellites dans leurs plus grandes digreſſions, & il enſeigne à les trouver par une methode qui ſuppoſe que cette orbite ou écliptique de Jupiter ſoit un grand cercle à l'égard de la terre ; ce qui n'eſt pas conforme aux hypotheſes aſtronomiques qu'il reçoit luy-meſme, ſelon leſquelles le plan de l'orbite de Jupiter paſſe toûjours par le centre du ſoleil avec une déclinaiſon de l'écliptique qui empeſche que la terre qui eſt toûjours dans le plan de l'écliptique, ne ſoit ordinairement dans le plan de l'orbite de Jupiter.

Comme les latitudes des ſatellites veûës de la terre ſervent à déterminer leurs conjonctions apparentes ; les latitudes des meſmes ſatellites veûës du ſoleil ſervent à déterminer leurs éclipſes dans l'ombre de Jupiter, & les éclipſes de Jupiter faites par l'ombre des ſatellites. Lors que les plans des cercles ſur leſquels les ſatellites font leur mouvement particulier, ſont dirigez au centre du ſoleil ; ces cercles ſont veûs du ſoleil comme une ligne droite qui paſſe par le centre de Jupiter, & alors les ſatellites n'ont point de latitude apparente à l'égard du ſoleil, & leurs éclipſes ſont centrales, & celles qu'ils font à Jupiter par leurs ombres ſont auſſi centrales. Mais quand le plan des cercles des ſatellites ne ſont pas dirigez au ſoleil, ils ſont repreſentez au ſoleil comme des ellipses plus ou moins ouvertes selon la diverse élevation du soleil sur le plan de ces cercles ; & alors le plus petit diamétre de l'ellipse represente le diamétre du cercle du satellite plus oblique au rayon qui va du centre du soleil au centre de Jupiter & des orbes de ses satellites.

C'est sur ce petit diamétre de l'ellipse que l'on prend les latitudes synodiques veûës du soleil : Mais le diamétre perpendiculaire au mesme rayon du soleil qui divise les cercles en deux parties égales, l'une supérieure & l'autre inférieure, est representé par une ligne droite parallele au plus grand diamétre de l'ellipse. Ainsi ce que nous avons dit des latitudes des satellites veûës de la terre, se peut appliquer aux latitudes des mesmes satellites veûës du soleil ; si ce n'est que leur variation semble devoir estre plus simple, & n'avoir qu'une période de douze années qui répond à celle de Jupiter autour du soleil, n'ayant point la variation annuelle qui est veûë de la terre. Il paroist aussi que la ligne qui termine les latitudes propres des satellites veûës du soleil n'est pas ordinairement la mesme qui termine les latitudes veûës de la terre ; mais que l'une décline de l'autre diversement, à cause que le rayon du soleil qui va à Jupiter décline de nostre ligne visuelle qui va aussi à Jupiter. C'est pourquoy nous avons veû quelquefois l'ombre d'un satellite entrer & sortir du disque de Jupiter en deux points un peu différens de ceux par lesquels nous avons veû entrer & sortir le satellite dans la mesme révolution ; ce qui nous a obligé de trouver la méthode de déterminer l'une de ces apparences par le moyen de l'autre.

Ceux qui ont observé les premiers les satellites de Jupiter ont eû beaucoup de peine à déterminer leurs latitudes propres veûës de la terre ; parce qu'ils n'avoient point d'autre marque visible pour déterminer la ligne qui termine ces latitudes, que le centre apparent de Jupiter par où cette ligne passe. Ils prenoient ordinairement pour terme de cette ligne les deux points des plus grandes digressions des satellites à l'égard de Jupiter, qui ne sont visibles que quand les satellites s'y trouvent ; & on ne sçait quand ils s'y trouvent que par le moyen des hypotheses qui n'estoient pas encore bien établies : ainsi il leur estoit difficile de déterminer si cette ligne estoit étenduë selon l'orbite de Jupiter, ou si elle estoit parallele à l'écliptique, & si elle déclinoit de l'une & de l'autre, & de combien.

L'observation d'un satellite faite dans sa plus grande digression de Jupiter, ne pouvoit servir à trouver la mesure des latitudes d'un mesme satellite en d'autres temps, parce qu'il n'y reste point de vestige visible aprés que le satellite s'en est éloigné. Ils comparoient la ligne du mouvement des satellites à des étoilles fixes qui se rencontrent quelquefois, mais rarement, dans la mesme ouverture de lunéte : mais parce

parce que le mouvement propre de Jupiter fait changer de ſituation aux cercles des ſatellites à l'égard des étoiles fixes, preſqu'auſſi ſenſiblement que les ſatellites en changent à l'égard du centre apparent de Jupiter; on ne pourroit pas tirer de cette comparaiſon la meſme utilité pour déterminer les latitudes des ſatellites, qu'on en a tiré pour déterminer les latitudes de la lune.

Aprés avoir obſervé que quand pluſieurs ſatellites ſont dans leurs plus grandes digreſſions, ils paroiſſent dans une meſme ligne droite tirée par le centre de Jupiter, on a pris cette ligne droite commune à tous les ſatellites pour terme commun de leurs latitudes : ainſi un ſatellite placé dans ſa plus grande digreſſion, a ſervi pour faire diſtinguer les latitudes des autres ſatellites éloignez de leurs plus grandes digreſſions. Il eſt vray que M. Borelli ne convient pas que cette diſpoſition des ſatellites dans une meſme ligne droite lors qu'ils ſont dans leurs plus grandes digreſſions, ait eſté obſervée avec aſſez d'éxactitude pour la pouvoir établir ſans ſcrupule : Mais il faut demeurer d'accord que s'ils ne ſont pas diſpoſez préciſément en ligne droite au temps de leurs plus grandes digreſſions, il s'en faut ſi peu que la différence n'eſt pas perceptible à l'eſtime de l'œil ; au lieu que lorſqu'ils ſont éloignez de leurs plus grandes digreſſions, ils ſont le plus ſouvent diſpoſez deux à deux en diverſes lignes droites qui paſſent loin du centre de Jupiter, & forment des triangles & des trapézes : ainſi une ligne droite tirée par le centre de Jupiter & d'un de ces ſatellites qui en ſont plus éloignez, comme le troiſiéme & le quatriéme quand il eſt dans ſa plus grande digreſſion, ſert à diſtinguer ſans erreur ſenſible les latitudes des autres ſatellites que l'on voit en meſme temps éloignez de cette ligne vers le ſeptentrion ou vers le midy. Il faut pourtant connoiſtre par la théorie l'heure de la plus grande digreſſion du ſatellite, ou plûtoſt celle de ſon arrivée à l'extrémité de la ligne des longitudes.

Lors que deux ſatellites ſe rencontrent en allant l'un vers Jupiter & l'autre vers ſa plus grande digreſſion ; ſi l'inferieur cache le ſupérieur, de ſorte que les deux joints enſemble ne paroiſſent pas plus grands qu'un ſeul, ce que nous avons vû arriver quelquefois, ces ſatellites ſont cenſez n'avoir point de latitude : mais ſi en ſe rencontrant l'un paſſe à coſté de l'autre, lors qu'ils ſont à égale diſtance de Jupiter ; la diſtance de leurs centres ſera la ſomme de leurs latitudes d'eſpéces contraires : & ſi l'on ſuppoſe que leurs cercles ſont dans le meſme plan, & que l'on ſçache par la théorie les degrez de leurs diſtances à la conjonction avec Jupiter, & la proportion du diamétre de leurs cercles ; on peut diſtinguer les latitudes de chacun de ces ſatellites.

Au contraire, lors qu'un ſatellite atteint un autre qui va du meſme coſté par un mouvement plus lent en apparence, & qu'il paſſe ſans le toucher ; leur diſtance entr'eux, quand ils ſont également éloignez de Jupiter, eſt la différence de leurs latitudes de la meſme eſpéce; & ayant ſuppoſé la connoiſſance des meſmes élemens, cette différence pourra ſervir à trouver en quelque maniére les deux latitudes, mais non pas auſſi juſtement qu'on les trouve par leur ſomme.

M. Borelli entreprend de prouver que cette hypotheſe de la ſituation des cercles des ſatellites dans un meſme plan, n'eſt pas véritable. Nous éxaminerons dans la ſuite la force de ſon raiſonnement: & cependant nous pouvons témoigner que par nos obſervations les plans des cercles des quatre ſatellites ne déclinent pas l'un de l'autre ſi ſenſiblement, qu'on puiſſe s'en appercevoir évidemment, horſmis en certains cas qui n'arrivent que de ſix en ſix années: ce qui n'empeſche pas que cette méthode ne ſoit utile pour trouver les latitudes des ſatellites ſans erreur ſenſible.

On peut auſſi déterminer les latitudes apparentes dans les conjonctions par l'application des ſatellites aux bandes de Jupiter ſuppoſées paralléles à la ligne de leur mouvement, & par la diſtance du quatriéme ſatellite au centre de Jupiter quand il eſt perpendiculaire au milieu des bandes dans les conjonctions qui arrivent avec tant de latitude que ce ſatellite paſſe ſans toucher Jupiter: Et les diſtances des ombres des ſatellites au centre de Jupiter lors qu'elles en ſont plus proches, peuvent ſervir à trouver leurs latitudes vûës du ſoleil, qui eſtant réduites conformément aux théories, ſervent à trouver celles qui en meſme temps ſeroient vûës de la terre.

Nous avons auſſi comparé ſouvent les conjonctions & les éclipſes des ſatellites de Jupiter qui ont paru de plus longue durée, avec celles qui ont eſté de plus courte durée, ſuppoſant que la différence de la durée vient de la diverſe diſtance du centre du ſatellite au centre de Jupiter & de ſon ombre; la ligne de l'incidence eſtant plus courte, plus les ſatellites paſſent loin du centre. Mais comme nous n'ignorons pas qu'il peut s'y meſler d'autres cauſes qui diverſifient les durées des conjonctions & des éclipſes, nous ne nous ſommes fiez à cette méthode que quand nous avons trouvé qu'elle ne nous portoit pas loin de ce que nous trouvions par les autres méthodes. Mais ſuppoſant que les durées des conjonctions & des éclipſes ſoient entr'elles comme les lignes des incidences; la plus grande durée, qui eſt celle des conjonctions & des éclipſes centrales, meſure le diamétre du diſque ou de l'ombre de Jupiter; & la plus petite durée des conjonctions & des éclipſes d'un meſme ſatellite meſure la corde par laquelle ce ſatellite parcourt le diſque ou l'ombre; & la proportion du diamétre à ſa corde eſtant donnée, on a auſſi la proportion du meſme diamétre à la diſtance perpendiculaire du centre à la corde, laquelle diſtance repréſente la latitude du ſatellite dans le milieu de la conjonction ou de l'éclipſe.

En employant toutes ces maniéres différentes de déterminer les latitudes des ſatellites de Jupiter dans les obſervations faites pendant trois révolutions périodiques de douze années, nous avons trouvé que les plus grandes latitudes du premier ſatellite vûës de la terre n'excédent point la troiſiéme partie du demi-diamétre de Jupiter:

Que les plus grandes latitudes du ſecond ſatellite ne ſurpaſſent que de peu le quart d'un diamétre de Jupiter:

Que les plus grandes latitudes du troiſiéme ſatellite excédent un peu les trois quarts du diamétre de Jupiter:

Et enfin que les plus grandes latitudes du quatriéme ſatellite excédent le demidiamétre de Jupiter de la troiſiéme partie de ce demidiamétre.

Nous avons auſſi trouvé que ces latitudes augmentent, diminuënt, & changent d'eſpéce dans les demicercles ſupérieurs & inférieurs dans une période de douze années, qui répond à la révolution périodique de Jupiter; & que cette augmentation & diminution réciproque des latitudes vûës de la terre ne va pas par un progrés continuel & uniforme, mais qu'en divers mois de l'année elle reçoit des variations ſenſibles, qui répondent à la ſeconde inégalité de Jupiter, & qui ſont aſſez conformes à ce que la théorie de Jupiter montre devoir arriver à cauſe du mélange du mouvement annuel fait ſur le plan de l'écliptique avec le mouvement périodique de douze années fait ſur l'orbite de Jupiter.

V.

Diverſes régles des latitudes des Satellites de Jupiter.

IL ne faut pas s'étonner ſi ceux qui ſe ſont fondez ſur les obſervations de peu d'années pour établir les régles des latitudes de ces ſatellites, n'y ont pas réüſſi. Comme les uns les ont obſervées dans un temps, & les autres dans un autre; chacun a ſuppoſé que les régles qu'il a trouvées par les obſervations de ſon temps, eſtoient perpetuelles; au lieu qu'elles n'eſtoient que des maniéres particuliéres qui ne conviennent qu'à certaines circonſtances de temps: d'où il eſt arrivé que divers Aſtronomes en ont donné des régles non ſeulement différentes, mais meſme contraires entre elles.

Galilée réfute Simon Marius, qui avoit avancé que les latitudes des ſatellites de Jupiter ſont auſtrales dans leurs demicercles ſupérieurs, & boréales dans les inférieurs: ce qui eſtoit particulier au temps de ces obſervations de Marius. Galilée au contraire établit cette régle comme générale, que les ſatellites de Jupiter dans les demicercles ſupérieurs ont une latitude contraire à celle de Jupiter; & que dans les demicercles inférieurs ils ont une latitude de la meſme eſpéce: ce qui estoit encore particulier pour le temps des observations de Galilée.

Hodierna donne pour régle que les satellites de Jupiter ont une latitude boréale dans les demicercles supérieurs, & une latitude australe dans les demicercles inférieurs: ce qui estoit vray au temps de ses observations. M. Gassendi & le P. Riccioli prétendent que cela n'arrive de la sorte que quand la latitude de Jupiter est australe; & que tout le contraire arrive quand elle est boréale: quoy-que par nos observations cela arrive tantost quand la latitude de Jupiter est australe, tantost quand elle est boréale.

Il y a lieu de s'étonner que le P. Riccioli parmi les régles qu'il dit avoir recueïllies de tous ceux qui avoient traité de ces matiéres, mette que la latitude du premier ou du plus prochain satellite de Jupiter est plus grande que celle du second, & celle du second plus grande que celle du troisiéme, & celle du troisiéme plus grande que celle du quatriéme qui est le plus éloigné de Jupiter. Cette régle pourroit estre tirée de quelque observation particuliére, dans laquelle le premier satellite aura esté trés-proche de sa conjonction avec Jupiter, où les latitudes sont plus grandes; & le quatriéme proche de sa plus grande digression, où les latitudes sont plus petites; & le troisiéme plus proche de sa plus grande digression que le second: car il n'y a point de doute, selon nos observations, que non seulement à égales distances de Jupiter, mais aussi à distances proportionnelles, tout le contraire de ce que cette régle porte n'arrive ordinairement.

M. Borelli a assez fait connoistre qu'il voyoit combien il est difficile de chercher les régles de ces latitudes. Car dans sa Théorie des Astres Medicées, qu'il venoit de publier quand je donnay mes Tables, aprés avoir expliqué au chap. 6. du second livre, combien elles sont abstruses, & combien il est difficile de trouver les périodes de la variation de ces latitudes, il déclare au chap. 7. que les observations qu'il avoit éxaminées ne sont pas faites avec toute l'éxactitude & toute l'évidence que demande une recherche si difficile & si délicate: Et au chap. 8. il avoûë qu'il n'y a pas encore d'hypothese qui puisse satisfaire à toutes les variétez observées dans les latitudes: Et au chap. 9. il demeure encore dans l'incertitude si pendant dix années depuis 1655. jusqu'à 1665. la ligne des nœuds des satellites avoit fait une révolution autour de Jupiter, ou si elle en avoit fait plusieurs, ainsi qu'il juge plus vraysemblable; & il dit qu'il n'y a qu'une longue suite d'observations qui le puisse faire connoistre: Enfin aprés avoir enseigné au chap. 10. de quelle maniére à son avis il faudroit s'y prendre pour continuer cette suite d'observations capables d'éclaircir une chose si obscure, il conclut qu'il est aisé de voir combien il y a de difficulté dans cette recherche, pour laquelle il faudroit faire, sans discontinuer, pendant plusieurs années quantité d'observations

avec

avec une assiduité extréme, qui auroit demandé une complexion plus forte que la sienne & un âge moins avancé.

Je croy que pour se débarasser des difficultez qui ont rebuté un homme si illustre & si consommé dans les Mathématiques, il est à propos de commencer par la distinction des apparences d'optique qui se font dans les orbes des satellites à cause de la diversité des élévations de nostre œil sur le plan de l'orbite de Jupiter, laquelle diversité est une des causes principales de la différence qu'il y a entre les latitudes des satellites vûës de la terre, & celles qui en mesme temps seroient vûës du Soleil, dont la connoissance est nécessaire pour réduire les unes aux autres, tant dans l'établissement de leur théorie, que dans l'usage qu'il en faut faire.

VI.

Des sections que le plan de l'orbite de Jupiter fait dans le globe de Jupiter, & dans les orbes de ses Satellites.

PUISQUE le plan de l'orbite de Jupiter passe par le centre de Jupiter, qui est aussi le centre des orbes de ces satellites supposez sphériques & concentriques à Jupiter; ce plan fait un cercle tant dans le globe de Jupiter que dans les orbes de ses satellites: & puisque le soleil est dans le plan de cette orbite, ces cercles du globe de Jupiter & des orbes des satellites sont vûs toûjours du Soleil comme une ligne droite.

Mais la terre qui est dans le plan de l'écliptique n'est dans le plan de ces cercles que quand l'intersection commune de l'écliptique & de l'orbite de Jupiter passe par le centre de la terre; ce qui arrive quand le Soleil est vû dans les nœuds de Jupiter. Dans nos premiéres Tables nous empruntasmes ces nœuds des Tables Rudolphines & des Lansbergiennes, qui les mettoient au cinquiéme degré & demi du Cancer & du Capricorne. Mais nous avons depuis vérifié par un grand nombre d'observations, que ces nœuds sont plus avancez de plus de trois degrez, & qu'ils sont assez prés des lieux où ils sont placez dans les tables Philolaïques & dans celles du P. Riccioli; de sorte que le Soleil arrive à ces nœuds vers la fin des mois de Juin & de Décembre, qui est le temps que ces cercles vûs de la terre paroissent dans le globe de Jupiter & dans les orbes de ces satellites comme une ligne droite.

Aux autres temps de l'année la terre est élevée sur le plan de l'orbite de Jupiter, & sa plus grande élévation arrive lors que le Soleil est vû de la terre dans les limites de la plus grande latitude de Jupiter, vers le neuviéme degré d'Aries & de Libra, sur la fin de Mars & de Séptembre.

C'est pourquoy les cercles faits par l'orbite de Jupiter dans son globe & dans les orbes des satellites, nous paroissent ordinairement comme des ellipses, dont le plus petit diamétre est celuy qui représente le diamétre de ces cercles le plus oblique à nostre rayon visuel, & le plus grand diamétre coupe le plus petit en deux parties égales & à angles droits. Ces ellipſes ſe forment quand le Soleil quitte les nœuds de Jupiter, & elles ſe dilatent à meſure qu'il s'en éloigne ; de ſorte que leur plus grande largeur arrive quand le Soleil eſt prés des limites des plus grandes latitudes de Jupiter à la fin de Mars & de Séptembre, auquel temps la terre eſt plus élevée ſur l'orbite de Jupiter : & la largeur de ces ellipſes diminuë enſuite juſqu'au retour du Soleil au nœud oppoſé.

L'élévation de l'œil ſur l'orbite de Jupiter eſt vûë du Soleil & de Jupiter par des angles dont la proportion, ou celle de leurs ſinus, eſt la meſme que celle des diſtances réciproques de Jupiter à la terre, & du Soleil à la terre : c'eſt-à-dire, que l'angle de l'élévation de l'œil vûë du Soleil eſt à l'angle de l'élévation de l'œil vûë de Jupiter, ou plûtoſt le ſinus de l'un au ſinus de l'autre, comme la diſtance de Jupiter à la terre eſt à la diſtance du Soleil à la terre. Les rayons qui font cét angle à Jupiter ſe croiſant à ſon centre, comprennent dans ſa ſurface deux arcs d'un grand cercle, l'un dans la partie inférieure, & l'autre dans la partie ſupérieure, la ſomme deſquels eſt repreſentée par le plus petit diamétre de l'ellipſe décrite dans le diſque apparent de Jupiter par ſon orbite. Ces rayons font la meſme choſe à l'égard de l'orbe de chaque ſatellite ; de ſorte que ſçachant l'angle de l'élévation de l'œil vûë de Jupiter, on ſçait les deux arcs des grands cercles de ces orbes repreſentez par le plus petit diamétre de l'ellipſe, lequel augmente & diminuë à proportion de ces arcs.

Si la proportion de la diſtance de Jupiter & de la terre à la diſtance du Soleil & de la terre eſtoit toûjours la meſme, les plus petits diamétres des ellipſes du meſme ſatellite en divers temps ſeroient comme les élévations de l'œil vûës du Soleil : mais parce que la proportion de ces diſtances change, les plus petits diamétres des ellipſes ſont en raiſon compoſée de la raiſon des élévations de l'œil vûës du Soleil, & de celle des diſtances de Jupiter à la terre, & du Soleil à la terre.

Cette proportion des diſtances change non ſeulement par le mouvement annuel du Soleil, qui eſt excentrique à la terre, mais beaucoup plus par le retour du Soleil à Jupiter, qui ſe fait à peu prés en treize mois ; les diſtances de Jupiter à la terre dans ſes conjonctions avec le Soleil eſtant plus grandes que dans les oppoſitions, preſque de la moitié de celle des oppoſitions : & elle varie auſſi par le mouvement périodique de Jupiter de douze années, qui eſt excentrique au Soleil.

C'eſt pourquoy le plus petit diamétre de l'ellipſe & l'arc qu'il repréſente dans l'orbe d'un ſatellite ont quatre périodes de variations, dont la premiére, qui eſt la plus ſenſible, dépend du retour du Soleil au nœud de Jupiter ; la ſeconde dépend du retour du Soleil à Jupiter ; la troiſiéme du retour de Jupiter à ſon apogée périodique ou aphélie ; la quatriéme, qui eſt la moins ſenſible de toutes, eſt celle du retour du Soleil à ſon apogée. La période du retour de Jupiter à ſon nœud, qui eſt à peu prés égale à celle de ſon retour à ſon apogée périodique, régle les différens changemens de ces ellipſes, qui ſe font d'une année à l'autre. Les nœuds de Jupiter ſont à peu prés aux meſmes lieux où eſt Jupiter à ſes moyennes diſtances du Soleil, comme il paroiſt par les théories modernes. Le terme de la plus grande latitude auſtrale de Jupiter eſt preſque dans ſon apogée périodique ou aphélie: le terme de ſa plus grande latitude boréale eſt à ſon périgée périodique ou perihelie: & ces deux termes ſont prés des lieux des moyennes diſtances du Soleil à la terre.

En l'année que Jupiter eſt à un de ſes nœuds en Cancer ou en Capricorne, noſtre œil eſt dans l'orbite de Jupiter au temps de la conjonction & de l'oppoſition de Jupiter au Soleil; & les plus grandes élévations de l'œil ſur l'orbite de Jupiter arrivent prés des quadratures de Jupiter avec le Soleil, lors que Jupiter & le Soleil ſont à leurs moyennes diſtances de la terre, qui ſont entr'elles à peu prés comme 5. à 1. ou comme 52. à 10. ainſi l'élévation de l'œil vûë du Soleil eſtant ſuppoſée d'un degré vingt minutes, elle ne ſera qu'un peu plus de quinze minutes eſtant vûë de Jupiter; & la largeur de l'ellipſe occupera dans le globe de Jupiter & dans l'orbe de chaque ſatellite preſque trente-une minutes de la circonférence d'un grand cercle, & à égales diſtances de la conjonction & de l'oppoſition de Jupiter au Soleil dans les demicercles oppoſez elle ſera preſque égale.

Mais en l'année que Jupiter eſt à ſon terme boréal en Libra où eſt ſon apogée, la plus grande élévation de l'œil arrive quand le Soleil eſt en Aries dans l'oppoſition de Jupiter au Soleil: alors la diſtance de Jupiter à la terre eſt à la diſtance du Soleil à la terre, comme 45. à 10. & l'élévation de l'œil vûë du Soleil eſtant auſſi d'un degré vingt minutes, celle qui ſera vûë de Jupiter ſera preſque de dix-huit minutes: & dans la conjonction avec Jupiter, le Soleil eſtant en Libra, la diſtance de Jupiter à la terre ſera à celle du Soleil à la terre à peu prés comme 65. à 10. & la meſme élévation de l'œil vûë du Soleil ne ſera vûë de Jupiter que de douze minutes.

Au contraire, en l'année que Jupiter eſt à ſon terme auſtral en Aries où eſt ſon périgée, le Soleil luy eſtant oppoſé en Libra, la diſtance de Jupiter à la terre ſera à la diſtance du Soleil à la terre comme 4. à 1. & l'élévation de l'œil vûë du Soleil eſtant d'un degré vingt minutes, elle ſera vûë de Jupiter de vingt minutes: & le Soleil eſtant joint à Jupiter en Aries, la diſtance de Jupiter à la terre ſera à celle du Soleil à la terre comme 6. à 1. & la meſme élévation de l'œil vûë du Soleil ſera vûë de Jupiter à peu prés de dix-ſept minutes.

Il paroiſt donc que les ellipſes qui repréſentent la ſection de l'orbite de Jupiter dans le globe meſme de Jupiter & dans les orbes de ſes ſatellites, ont une période réglée de transformation de six en six mois : que leurs largeurs augmentent aux mois de Janvier, Février & Mars, & diminuënt en Avril, May & Juin ; & qu'elles augmentent de nouveau en Juillet, Aoust & Séptembre, & diminuënt en Octobre, Novembre & Décembre.

Mais comme le nœud austral de Jupiter est prés du neuviéme degré du Capricorne où le Soleil se trouve à la fin de l'année, l'élévation de l'œil sur le plan de l'orbite de Jupiter est du costé du Midi dans les six premiers mois de l'année, & la partie supérieure des ellipses faites par l'orbite de Jupiter dans Jupiter mesme & dans les orbes de ses satellites, décline du centre apparent de Jupiter vers le Midi ; & la partie inférieure des mesmes ellipses décline vers le Septentrion. Au contraire, les six derniers mois de l'année l'élévation de l'œil sur le plan de l'orbite de Jupiter est du costé du Septentrion ; les parties supérieures des ellipses, à l'égard du centre de Jupiter, sont septentrionales ; & les parties inférieures sont meridionales.

Dans les éclipses centrales que les satellites de Jupiter font à Jupiter mesme par leurs ombres terminées dans son disque, il est manifeste que tant les satellites, que leurs ombres, sont dans la ligne droite qui va du centre du Soleil au centre de Jupiter, & que par conséquent les centres de l'ombre se rencontrent dans la section de l'orbite de Jupiter avec la surface de son globe.

Et parce que cette section vûë de la terre paroist à la fin de Juin & de Décembre comme une ligne droite qui passe par le centre du Soleil, si quelque éclipse centrale de Jupiter par les satellites pouvoit arriver à la fin de ces deux mois dans l'opposition de Jupiter avec le Soleil, on verroit de la terre que l'ombre passeroit par le centre de Jupiter : mais si Jupiter estoit éloigné de son opposition avec le Soleil, on ne verroit pas l'ombre passer par le centre de Jupiter dans l'éclipse qui seroit centrale à l'égard du Soleil, à moins que le cercle du mouvement du satellite ne fust couché sur l'orbite de Jupiter : car hors des oppositions l'ombre ne seroit pas vûë de la terre au milieu du disque de Jupiter au mesme temps qu'elle y seroit vûë du Soleil; mais elle paroistroit à costé éloignée par un arc d'un grand cercle de Jupiter qui mesure l'angle de la parallaxe annuelle de Jupiter ; & un cercle du satellite déclinant de l'orbite de Jupiter porteroit le centre de l'ombre au costé du centre de Jupiter. Aux autres temps de l'année s'il arrive une éclipse centrale de Jupiter faite par ses satellites, l'ombre du satellite vûë de la terre au milieu de l'éclipse vûë du Soleil tombera en quelque point de l'ellipse qui représente la section de l'orbite de Jupiter ; & dans l'opposition de Jupiter au Soleil elle sera à l'extrémité du plus petit diamétre de l'ellipse, & ne passera point par le centre. Hors des oppositions de Jupiter avec le Soleil, au milieu de l'éclipse l'ombre du satellite sera éloignée du plus petit diamétre

diamétre de l'ellipse par l'arc d'un grand cercle de Jupiter qui mesure la parallaxe annuelle, & elle ne passera pas par le centre apparent de Jupiter, à moins que le cercle du satellite qui la fait, n'ait une telle déclinaison de l'orbite de Jupiter, qu'à l'instant que le milieu de l'éclipse sera vû de la terre (ce qui arrivera quelquefois avant que le milieu de l'éclipse soit vû du Soleil, & quelquefois aprés) la latitude de l'ombre vûë du Soleil récompense la distance de l'extrémité du plus petit diamétre de l'ellipse au centre de Jupiter vû de la terre.

Aux éclipses centrales des satellites dans l'ombre de Jupiter, le centre de l'ombre considérée sur la surface concave de l'orbe de chaque satellite est dans l'ellipse qui représente l'orbite de Jupiter dans l'orbe de ce satellite. Cette ellipse excéde d'autant plus celle que nous avons considérée dans le disque de Jupiter, que le diamétre de l'orbe du satellite excéde le diamétre de Jupiter: c'est pourquoy le centre de l'ombre de Jupiter dans l'orbe du satellite dans ses éclipses centrales estant vûë de la terre, paroistra éloigné du centre apparent de Jupiter beaucoup plus que le centre de son ombre n'en paroist éloigné dans les éclipses centrales que ce mesme satellite fait à Jupiter, suivant la mesme proportion du diamétre de l'orbe du satellite au diamétre de Jupiter; laquelle proportion dans le quatriéme satellite est à peu prés comme 25. à 1. ainsi si l'on néglige cette distance dans les éclipses des satellites, on se trompera beaucoup plus que si on la néglige dans les éclipses que les satellites font à Jupiter. Delà on peut voir combien peuvent s'estre trompez ceux qui ont supposé qu'un satellite estoit dans l'orbite de Jupiter lors que son mouvement apparent estoit dirigé vers le centre apparent de Jupiter; ce centre n'estant jamais moins éloigné du centre de l'ombre que de toute la latitude apparente qui répond au plus petit demi-diamétre de l'ellipse qui représente l'orbite de Jupiter dans l'orbe du mesme satellite.

VII.

Méthode de déterminer si les cercles du mouvement propre des Satellites déclinent de l'orbite de Jupiter.

M. Borelli a crû qu'il falloit choisir des observations nouvelles faites avec un soin & une exactitude particuliére, pour examiner si les cercles du mouvement des satellites de Jupiter sont dans un mesme plan, jugeant que celles qui avoient esté faites jusqu'alors, n'estoient ni certaines ni suffisantes pour cét effet. Mais les observations qu'il employe font voir que son intention n'estoit que de montrer que ces cercles ne sont pas tous sur le plan de l'orbite de Jupiter. Car il choisit deux observations, dans lesquelles deux ou trois satellites luy ont paru tous disposez à peu prés dans une mesme ligne droite avec le centre de Jupiter en des temps qu'il ſuppoſe que les ſatellites n'eſtoient pas diſpoſez véritablement dans une ligne droite avec ce centre, mais plûtoſt dans un triangle ou dans un trapeze, & que le rayon viſuel eſtoit élevé ſur l'orbite ou l'écliptique de Jupiter, de ſorte qu'il auroit fallu que l'œil ainſi élevé euſt vû ces ſatellites former un triangle ou un trapeze, & non pas une ligne droite. Mais cela prouve tout au plus que ces ſatellites n'eſtoient pas en ce temps-là tous dans le plan de l'orbite de Jupiter, autant qu'on en pouvoit juger par l'eſtimation de la ligne droite dans laquelle il dit que les ſatellites ſe trouvoient à peu prés; & ne prouve point qu'ils ne fuſſent pas tous dans quelqu'autre plan: Au contraire, il eſt certain que ſi deux ou trois ſatellites paroiſſoient en une meſme ligne droite avec le centre de Jupiter, ils eſtoient tous dans un meſme plan qui paſſoit par l'œil de l'obſervateur.

Outre que l'on ſuppoſe dans cette méthode la connoiſſance de la véritable ſituation des ſatellites, & que l'élévation de l'œil eſtoit aſſez grande pour pouvoir remarquer en quelque maniére la figure que les ſatellites forment avec le centre de Jupiter, & la diſtinguer d'une ligne eſtimée à peu prés droite; l'occaſion favorable de pratiquer cette méthode eſt rare, ne ſe rencontrant peut-eſtre que de ſix en ſix années, & on ne prévoit pas aiſément quand elle doit arriver. Mais on n'a pas beſoin d'obſervations ſi rares ni ſi recherchées pour appercevoir non ſeulement que tous les cercles des ſatellites ne ſont pas ſur le plan de l'orbite de Jupiter, mais qu'il n'y en a pas un ſeul qui y ſoit: car ce que nous avons dit des apparences que les ſections des orbes des ſatellites par l'orbite de Jupiter font à la terre, eſtant comparé avec les obſervations journaliéres des ſatellites, ſuffit pour faire connoiſtre en tout temps à chaque obſervateur que le mouvement propre des ſatellites ne ſe fait pas ſur le plan de l'orbite de Jupiter.

Si cette hypotheſe eſtoit véritable, on verroit premiérement les ſatellites toûjours dans une meſme ligne droite lors que le Soleil arrive aux nœuds de Jupiter à la fin de Juin & de Décembre; parce que, comme nous avons dit, noſtre œil eſt alors dans le plan de cette orbite, qui eſt repréſentée comme un grand cercle dont la projection eſt une ligne droite. Mais les obſervations montrent que cela n'arrive pas, les cercles des ſatellites eſtant repréſentez par des ellipſes auſſi-bien dans ces mois de l'année qu'en tous les autres.

Secondement, les plus grandes latitudes ſynodiques arriveroient aux ſatellites lors que le Soleil eſt environ à 90. degrez de diſtance de ces nœuds vers la fin de Séptembre & de Mars; parce qu'alors la terre eſt plus que jamais élevée ſur le plan de l'orbite de Jupiter, & le ſeroit par conſéquent auſſi ſur l'orbite des ſatellites, le rayon viſuel qui va au centre de Jupiter, d'où il faudroit prendre les latitudes des ſatellites, déclinant plus de cette orbite en ce temps qu'en d'autres.

Troisiémement, les plus grandes latitudes synodiques des satellites de Jupiter ne formeroient jamais dans leurs orbes un angle plus grand que de vingt ou vingt-une minutes; ce qui n'est que la sixiéme ou septiéme partie de ce que le demidiamétre de Jupiter occupe dans l'orbe du quatriéme satellite le plus éloigné.

Enfin tous les satellites en chaque révolution entreroient dans l'ombre dans la partie supérieure de leurs cercles, & feroient ombre à Jupiter dans la partie inférieure; & leurs éclipses dans l'ombre seroient toûjours centrales, parce que marchant sur le plan de l'orbite de Jupiter où est le centre de cette planette & celuy du Soleil, le satellite passeroit toûjours par le centre de l'ombre, & l'ombre qu'un satellite feroit à Jupiter estant vûë de la terre ne passeroit jamais plus loin du centre apparent de Jupiter que de vingt minutes prises dans un grand cercle de la surface de Jupiter; & dans les conjonctions apparentes les satellites ne passeroient jamais éloignez du centre apparent de Jupiter de plus de vingt-une minutes prises dans l'orbe de chaque satellite, qui ne font pas la sixiéme partie de l'espace que le diamétre du quatriéme satellite occupe dans son orbe; c'est pourquoy il rencontreroit toûjours Jupiter deux fois en chaque révolution.

Il ne faut donc pas avoir observé pendant un grand nombre d'années les conjonctions & les éclipses des satellites de Jupiter pour estre persuadé par cette méthode sans l'aide d'aucune machine, que cette hypothese est évidemment contraire aux observations constantes des satellites. Car ce n'est pas de six mois en six mois que l'on voit tous les satellites de Jupiter disposez dans une ligne droite qui passe par le centre de Jupiter, mais de six ans en six ans, ou à peu prés; & les satellites n'arrivent pas à leur plus grande latitude trois mois aprés qu'ils ont paru disposez en ligne droite, mais trois ans aprés; & ces plus grandes latitudes sont sept ou huit fois plus grandes qu'elles ne seroient suivant cette hypothese.

Et bien loin que les éclipses des satellites dans l'ombre de Jupiter, & celles de Jupiter mesme par l'ombre des satellites, soient toûjours centrales & d'une égale durée pour chaque satellite; elles arrivent le plus souvent avec une latitude considérable, & sont si différentes dans leur durée en diverses années de la révolution périodique de Jupiter, que celles du quatriéme satellite, qui durent quelquefois plus de cinq heures, diminuënt d'année en année jusqu'à ce qu'elles se réduisent à rien, ce satellite ne rencontrant plus l'ombre de Jupiter pendant trois années qu'il demeure vers sa plus grande latitude boréale, & pendant trois autres qu'il est prés de sa plus grande latitude australe. On voit aussi que les ombres des satellites ne passent que trés-rarement prés du centre de Jupiter, & particuliérement celles du troisiéme & du quatriéme, qui mesme en passent tres-souvent fort loin, de sorte que dans une révolution de douze années l'ombre du quatriéme ne rencontre point Jupiter pendant six années; ce que nous avons observé estre réguliérement arrivé pendant trois révolutions que Jupiter a faites depuis l'an 1652. que nous commençames à travailler aux observations des satellites de Jupiter, jusqu'à cette année 1688.

Mais parce qu'il se pourroit faire que les points des plus grandes digressions des satellites de Jupiter où se terminent à peu prés leurs latitudes propres prises dans le sens que nous avons expliqué, fussent sur l'orbite de Jupiter comme sont dans l'écliptique les nœuds de la Lune, où se terminent ses latitudes; M. Borelli entreprit d'éxaminer par les observations si la ligne des plus grandes digressions de ces satellites n'estoit pas sur l'orbite de Jupiter, ou combien elle en déclinoit: ce qu'il fit par une méthode dans laquelle il mesle les apparences vûës de la terre avec celles qui seroient vûës du Soleil, & il les considére comme si elles estoient vûës de la terre de la mesme maniére que du Soleil, quoy-qu'il soit évident qu'elles en sont vûës d'une maniére differente. Il considére un grand cercle qui passe par le centre de Jupiter vû de la terre, & par le septiéme degré du Cancer & du Capricorne, où sont les nœuds de Jupiter vûs du Soleil; & il suppose que ce grand cercle soit l'orbite ou l'écliptique de Jupiter, & la trace du mouvement propre de cette planette.

Il propose donc un instrument propre pour observer ce cercle; & si tous les satellites se rencontrent dans ce cercle avec le centre de Jupiter, il en infere qu'ils sont tous sur l'orbite de Jupiter sans latitude; mais s'il y en a quelqu'un qui décline de ce cercle, il prend cette déclinaison pour la latitude du satellite.

Il fit un essay de cette méthode le 30. Aoust de l'an 1665. & il luy sembla que le troisiéme & le quatriéme satellite déclinoient du cercle qu'il avoit tiré par le centre de Jupiter & par le septiéme degré du Cancer, un peu plus de deux degrez. Mais ce grand cercle ne représente l'orbite de Jupiter qu'à la fin de Juin & de Décembre, lors que le Soleil, selon ce que nous avons dit, est dans la ligne des nœuds de Jupiter. C'est pour lors que les nœuds sont vûs au mesme lieu du Zodiaque tant de la terre que du Soleil, & que l'orbite de Jupiter est vûë de la terre aussi-bien que du Soleil comme une ligne droite. Aux autres temps de l'année les nœuds de Jupiter vûs de la terre sont éloignez du lieu où ils seroient vûs du Soleil, de toute la parallaxe annuelle qui convient à la distance apparente du Soleil aux nœuds de Jupiter, & à la proportion de la distance du Soleil à la terre à l'égard de la distance que Jupiter auroit s'il estoit à son nœud. Cette parallaxe peut monter à onze ou douze degrez; & à la fin d'Aoust, qui fut le temps de l'observation de M. Borelli, elle est de dix degrez. Il falloit donc avoir égard à cette parallaxe aussi-bien qu'à l'élévation de l'œil sur le plan de l'orbite de Jupiter,

Jupiter, qui empeschent que cette orbite ne soit vûë de la terre de la mesme maniere qu'elle est vûë du soleil.

Les erreurs que l'on peut faire par ces deux causes furent apperceûës par M. Borelli à la fin de son Ouvrage, où il remarque que le temps le plus propre pour observer les vrayes latitudes des satellites, seroit lors que Jupiter est opposé au soleil sans aucune latitude, si cette occasion n'estoit trop rare. Il est vray que l'orbite de Jupiter est alors representée à la terre comme une ligne droite, dont on peut déterminer la situation par les hypotheses astronomiques, & observer par quelque instrument si les satellites sont alors dans cette ligne, ou combien ils en déclinent. Mais ne s'estant presenté en ce siecle une opposition du soleil à Jupiter dans ses nœuds, si ce n'est à la fin de Juin de l'an 1652. sans qu'elle puisse retourner avec la mesme précision qu'aprés 83. années; M. Borelli, au defaut de cette commodité, propose d'observer aussi les latitudes de ces satellites au temps des autres oppositions de Jupiter avec le soleil, qui arrivent ordinairement une fois l'année, & d'ajouster ou oster aux plus grandes inclinaisons que ces satellites auront de l'orbite de Jupiter, la différence qui dépend de sa latitude; jugeant que par ce moyen on pourra avoir dans la suite les lieux des nœuds des satellites, & leurs périodes, pourveû que l'on ait les observations de leurs latitudes faites dans une entiere période de Jupiter, qui est de 12. années, & qu'on les corrige & les limite par les observations faites en plusieurs de ces longues périodes; ce qui seroit l'ouvrage d'un siecle.

Mais il ne parle point de la maniere de distinguer les augmentations & les diminutions des latitudes des satellites causées par la latitude de Jupiter, ni de la maniere de les employer pour pouvoir déterminer par leur moyen les nœuds propres des ces satellites, & leurs plus grandes latitudes. Ce qui seroit d'autant plus difficile, que dans les oppositions de Jupiter avec le soleil éloignées des nœuds de Jupiter, son orbite considerée dans les orbes de ses satellites est representée comme une ellipse d'une figure variable, selon la diverse distance entre Jupiter & ses nœuds, & selon la variation de l'intervalle entre Jupiter & la terre. C'est pourquoy il seroit plus à propos d'observer ces latitudes dans le passage que le soleil fait deux fois l'année par les nœuds de Jupiter, lors que l'orbite de Jupiter est representée à la terre comme une ligne droite, à laquelle on pourroit comparer les latitudes des satellites, qui selon les observations évidentes que nous avons alleguées, ne se meuvent point sur l'orbite de Jupiter, mais sur un cercle qui a une déclinaison fort considérable à l'égard de cette orbite.

VIII.

Hypothese du Parallelisme des Cercles des Satellites de Jupiter.

GALILÉE aprés avoir observé pendant 13 années les satellites de Jupiter, avec toute l'attention que meritoit une si belle & si utile découverte qu'il avoit faite le premier, proposa une hypothese de la situation de leurs cercles, qui par sa beauté & simplicité meritoit d'estre préferée à toute autre, si les observations de nostre temps luy estoient aussi favorables que le sembloient estre celles qui ont esté faites jusqu'au milieu de ce siecle. Cette hypothese est proposée dans un livre intitulé, *Il Saggiatore*, en ces termes: *Sono i quattro cherchi de i Pianeti Medicei sempre paralleli al piano de l'ecliptica, è perche noi siamo nell'isteßo piano collocati, accade, che qualunque volta Giove non averà latitudine, mà si troverà eßo ancora sotto l'ecliptica, i movimenti di eße stelle ci si mostreranno fatti per una steßa linea recta, è le loro congiontioni fatte in qualsivoglia luogo saranno sempre corporali, cioè senza veruna dechinatione. Mà quando il medesimo Giove si troverà fuori del pian de l'ecliptica, accaderà, che se la sua latitudine sarà da eßo piano versò settentrione, restando pure li quattro cherchi delle Medicee paralleli all'ecliptica, le parti superiori à noi, che sempre siamo nel piano de l'ecliptica, si representeranno piegar verso austro rispetto all'inferiori, che ci si mostreranno più boreali; ed all'incontro, quando la latitudine di Giove sarà australe, le parti superiori de' medesimi cherchietti ci si mostreranno più settentrionali delle inferiori. Si che le dechinationi delle stelle si vedranno fare il contrario, quando Giove ha la latitudine boreale, di quello che faranno quando Giove sarà australe, cioè nel primo caso si vedranno dechinar verso austro quando saranno nella metà superiore de' loro cherchi, è verso borea nelle inferiori. Ma nell'altro caso dechinaranno per l'opposito, cioè verso borea nelle metà superiori, è verso austro nelle inferiori; è tali dechinationi saranno maggiori ò minori, secondo che la latitudine di Giove sarà maggiore ò minore.*

Il paroist par cét endroit de Galilée, qu'il entend par la moitié supérieure d'un cercle celle qui est plus éloignée de la terre, & par l'inférieure celle qui en est plus proche; & comme ces deux moitiez sont séparées par la ligne qui passe par le centre de Jupiter, perpendiculaire à nostre rayon visuel, il paroist aussi que les déclinaisons dont il parle, se prennent du cercle representé par cette ligne allant du costé du midy, & du costé du septentrion. Ces déclinaisons sont celles que nous appellons latitudes propres des satellites vûës de la terre.

Soit que cette hypothese soit vraye ou qu'elle soit fausse, il est important d'en considerer les suites, non seulement pour pouvoir examiner si elle s'accorde avec les observations; mais aussi parce qu'elle peut servir de moyen pour trouver la véritable hypothese, quand mesme elle ne seroit pas la véritable. Car on peut toûjours tirer par le centre de Jupiter & des orbes de ses satellites un cercle parallele à l'écliptique, qui est le cercle du ciel le plus connu dans l'Astronomie, à cause du mouvement annuel qui se fait sur ce cercle ; & on peut considerer les apparences qu'il doit faire en divers temps, selon le mouvement de Jupiter par le zodiaque, & voir si les satellites le suivent ou s'ils s'en éloignent d'un costé ou d'autre, & de combien ; ce qui servira à connoistre le véritable cercle de chaque satellite, & comment il se rapporte à ce cercle parallele à l'écliptique.

I. Il est clair qu'un cercle dans les orbes des satellites parallele à l'écliptique, concourera avec le plan de l'écliptique mesme, quand Jupiter s'y trouvera : & parce que la terre est dans le plan de l'écliptique, ce cercle sera représenté à la terre comme une ligne droite, ou comme une petite portion de l'écliptique du monde.

II. Il paroist que quand Jupiter sera éloigné de l'écliptique, ce cercle parallele ne passant point par la terre sera représenté comme une ellipse d'autant plus ou moins ouverte que la latitude de Jupiter sera plus grande ou plus petite. Et parce que les parties supérieures des cercles des satellites sont plus éloignées de la terre que le centre mesme de Jupiter, estant également éloignées du plan de l'écliptique elles en doivent paroistre plus proches, & avoir moins de latitude de la mesme espéce que le centre mesme de Jupiter ; & à son égard elles doivent avoir une latitude contraire à celle qu'a Jupiter à l'égard de l'écliptique : & au contraire les parties inférieures des mesmes cercles qui sont plus proches de la terre que le centre de Jupiter, estant également éloignées du plan de l'écliptique en doivent paroistre plus éloignées, & avoir plus de latitude de la mesme espéce que le centre de Jupiter, & à son égard avoir une latitude de la mesme espéce que celle de Jupiter à l'égard de l'écliptique.

III. Il paroist que le plus grand diamétre de cette ellipse, qui représente le cercle des satellites parallele à l'écliptique, sera celuy qui est perpendiculaire à nostre rayon visuel, dont les extrémitez estant également éloignées de nostre œil paroistront aussi également éloignées de l'écliptique : ce diamétre sera donc parallele à l'écliptique, & le plus petit diamétre passera par le point le plus proche & par le point le plus éloigné de la terre, & paroistra perpendiculaire à l'écliptique.

IV. La partie de cette ellipse qui paroistra la plus proche de l'écliptique, représentera la partie supérieure de ce cercle ; & la partie qui en sera la plus éloignée, représentera la partie inférieure du mesme cercle.

V. Les latitudes ſynodiques des ſatellites dans cette hypotheſe augmenteront & diminuëront à proportion de la latitude de Jupiter. Car la latitude periodique d'un ſatellite aura toûjours la meſme proportion à la latitude apparente de Jupiter, que le demidiamétre de l'orbe du ſatellite au demidiamétre du cercle de la revolution que Jupiter fait de douze années.

I X.

Obſervations qui ſemblent conformes à l'Hypotheſe précedente.

NOUS avons examiné toutes les obſervations anciennes que nous avons pû avoir, pour vérifier ſi elles s'accordent avec cette hypotheſe.

Dans cét examen des obſervations anciennes, il faut premiérement diſtinguer les ſatellites qui ſont dans la partie ſupérieure de leur cercle, de ceux qui ſont dans l'inférieure On peut connoiſtre ſi les ſatellites ſont dans la partie ſupérieure ou dans l'inférieure de leurs cercles, par la direction de leurs mouvemens. Quand les ſatellites ſont dans la partie ſupérieure de leurs cercles, leur mouvement ſe fait d'occident en orient : parce que nous le voyons du meſme coſté qu'on le verroit de Jupiter, qui eſt le centre de ce mouvement ; car c'eſt une régle générale qui s'obſerve dans toutes les planettes, que leurs mouvemens vûs de leurs centres ſe font d'occident en orient : mais quand les ſatellites ſont dans la partie inférieure de leurs cercles, nous les voyons du coſté oppoſé à leur centre ; c'eſt pourquoy ce mouvement à noſtre égard ſe fait d'orient en occident. Quand donc on a obſervé pluſieurs fois dans une meſme nuit les diſtances entre les ſatellites de Jupiter & Jupiter meſme, on peut voir de quel coſté les ſatellites vont, & par conſequent s'ils ſont dans la partie ſupérieure ou inférieure de leurs cercles.

Nous avons donc choiſi les obſervations qui ont eſté réïterées pluſieurs fois dans une meſme nuit, pour diſtinguer de quel coſté alloient les ſatellites obſervez, & nous avons remarqué quelle eſtoit l'eſpece de la latitude de ceux qui alloient du coſté d'orient, & quelle eſtoit celle des ſatellites qui alloient du coſté d'occident.

C'eſt ainſi que nous avons reconnu que dans les obſervations que Galilée fit le 20 Janvier 1610 à trois différentes heures, il y avoit deux ſatellites dans la partie ſupérieure qui avoient une latitude boréale ; un dans la partie inférieure qui avoit une latitude auſtrale, & un qui eſtoit comme ſtationaire.

Mais à l'égard des obſervations qui n'ont eſté faites qu'une fois dans la meſme nuit, nous avons eſté obligez de calculer la poſition des

des satellites pour ce temps-là par nos Tables, pour distinguer quels estoient ces satellites, & de quel costé ils alloient.

Car ceux qui nous ont donné des observations des configurations des satellites, n'ont pas pris la peine de distinguer un satellite de l'autre. Ils se sont réservez de faire cette distinction à loisir, ou ils ont laissé aux autres le soin de les distinguer. Néanmoins il y a le troisiéme qui se distingue souvent parmi les autres par sa grandeur, dont il les surpasse; & le quatriéme qui se distingue souvent par sa petitesse apparente, & par sa plus grande digression; mais il est difficile de distinguer le premier & le deuxiéme autrement que par leur mouvement, parce qu'ils sont presque égaux: & la distinction des autres par leurs grandeurs n'est pas toûjours certaine, parce que l'apparence de la grandeur d'un mesme satellite est variable, & qu'ils diminuënt ordinairement en apparence quand ils sont proches de Jupiter, comme Galilée observa du commencement, & comme nous avons vérifié par nos observations.

C'est ainsi que j'ay reconnu dans l'observation de Galilée du 30 Janvier 1610, que le quatriéme satellite qui se distinguoit des autres par sa petitesse, avoit un peu de latitude méridionale, pendant qu'il estoit dans la partie inférieure de son cercle, comme allant d'orient en occident, ainsi qu'il paroist par les observations des jours précedens & suivans; & que le mesme satellite avoit un peu de latitude septentrionale le 8 Février de la mesme année, lors qu'il estoit dans la partie supérieure de son cercle, allant d'occident en orient, comme il paroist aussi par les observations des jours précedens & suivans.

On voit encore par les observations du 1 & du 2 Mars, que ce satellite, qui dans ces observations se distingue aussi des autres par sa petitesse, avoit un peu de latitude méridionale dans la partie inférieure de son cercle, allant d'orient en occident, comme il paroist par le rapport de ces observations: ce qui s'accorde avec l'hypothese de Galilée, Jupiter ayant en ce temps-là sans contredit une latitude australe à l'égard de l'écliptique.

Nous n'avons pas depuis ce temps-là le détail des observations de Galilée; mais il rapporte en général *che quattro mesi intieri, cioè dopo mezzo Febraïo à mezzo Giugno del 1611, nel qual tempo la latitudine di Giove fu pochissima ò nulla, la dispositione di esse quattro stelle fu sempre in retta linea in tutte le loro positioni.* Et il ajouste que la latitude de ces quatre étoiles ne parut que deux ans aprés ses premiéres observations, quand la latitude boréale de Jupiter estoit considérable, c'est-à-dire, aprés le commencement de l'année 1612: d'où il infére que Simon Marius, qui dans son livre intitulé *Mundus Jovialis* fait les latitudes des satellites de Jupiter toûjours australes dans les demicercles supérieurs, & boréales dans les inférieurs, n'avoit vû ces satellites que deux ans aprés luy.

Galilée supposoit que Jupiter passast par l'écliptique au temps marqué par les Ephémerides de ce temps-là, qui estoient calculées sur les Tables Coperniciennes, lesquelles mettoient ce passage vers le milieu d'Avril de l'année 1611, qui estoit comme le milieu du temps auquel il ne trouvoit point de latitude aux satellites de Jupiter; & il crut que les latitudes des satellites n'estoient sensibles que huit mois aprés ce passage. Mais il faut remarquer que selon les Tables modernes dressées depuis ce temps-là, ausquelles nos observations s'accordent, Jupiter avoit passé l'écliptique au mois d'Aoust de l'année précedente 1610; & que puis qu'au commencement de May de la mesme année les latitudes des satellites avoient esté encore sensibles à Galilée cinq ou six mois avant le vray passage de Jupiter par l'écliptique, elles auroient dû commencer à estre sensibles à Galilée six mois aprés le vray passage de Jupiter par l'écliptique; c'est-à-dire au plus tard, au mois de Février 1611, si les latitudes des satellites dépendoient de l'éloignement de Jupiter de l'écliptique: & puis qu'elles n'estoient pas sensibles en ce temps-là ni long-temps aprés, on peut douter si ces latitudes ne cesserent que quelque temps aprés le passage de Jupiter par l'écliptique.

Quoy-qu'il en soit, dans les observations faites par le P. Scheiner aux mois de Mars & d'Avril de l'an 1612, publiées dans ses Lettres sur les taches du soleil, les satellites de Jupiter sont toûjours représentez dans une ligne droite parallele à l'écliptique. Mais nous avons vû deux observations faites la nuit entre le 17, & le 18 Février de la mesme année, dans lesquelles il y a deux satellites du costé d'orient, dont l'un va vers l'occident s'approchant de Jupiter dans la partie inférieure de son cercle avec une latitude septentrionale, l'autre va vers l'occident & s'éloigne de Jupiter dans la partie supérieure de son cercle avec une latitude méridionale lors que la latitude de Jupiter estoit septentrionale; ce qui s'accorde avec l'hypothese de Galilée.

Simon Marius rapporte deux observations faites des latitudes des satellites qui estoient méridionales dans les demicercles supérieurs, & septentrionales dans les inférieurs; & il suppose qu'il en doit estre toûjours de mesme: ce qu'il n'auroit pas fait s'il eust bien examiné les observations de Galilée de l'an 1610, dans lesquelles on peut voir que les latitudes des satellites dans les mesmes demicercles estoient d'espéce contraire à celles de l'an 1612; pourvû qu'on sçache distinguer les satellites qui sont dans les demicercles supérieurs, de ceux qui sont dans les inférieurs, quand ils sont proches de Jupiter où les latitudes sont plus sensibles. Mais les Tables que Marius dressa ne pouvoient pas bien servir à faire cette distinction: car dans l'époque de 1610 elles s'éloignent de plus de 40 degrez de la pluspart des observations que Galilée fit du premier satellite de Jupiter, qui est le plus proche, & qui se mesle le plus souvent parmi ceux qui approchent de Jupiter; de sorte qu'on le peut prendre pour l'un d'eux, à moins qu'on n'ait l'époque du mouvement de ce satellite assez juste: & cette erreur augmente toûjours, parce que cét Auteur fait le mouvement annuel de ce satellite de 4 degrez plus viste que nous ne le trouvons par nos observations: au contraire il fait le mouvement annuel du troisiéme plus lent de 13 degrez: de sorte que, quand mesme les époques de ces deux satellites auroient esté justes au commencement d'une année, il y auroit eû à la fin de la mesme année une différence de 17 degrez entre les configurations véritables de ces deux satellites, & celles qui estoient representées par les Tables de Marius: & cette différence augmentant toûjours de mesme, en peu d'années elle auroit representé ces satellites dans les digressions opposées, quand ils auroient esté dans les conjonctions mutuelles du mesme costé.

Ainsi les configurations tirées de ces Tables n'avoient aucune ressemblance aux configurations véritables, lors que Galilée mit en doute si Simon Marius avoit jamais vû ces satellites. On n'en sçauroit néanmoins douter, si on examine la méthode dont il dit qu'il s'est servi pour les observer, qui apparemment ne seroit pas tombée dans la pensée d'une personne qu'il ne l'eust pratiquée: les difficultez qui se rencontroient dans la pratique de ces observations y estant fort bien representées.

Aprés les observations des satellites de Jupiter de l'an 1613, nous n'en avons pas trouvé de plus anciennes, que celles que M. Gassendi fit depuis l'an 1633 jusqu'à l'an 1645.

Pour faire un bon usage de ces observations, il faut préferer aux autres celles dans lesquelles les distances entre Jupiter & ses satellites sont marquées en diamétres de Jupiter, qui font voir que les distances representées dans les figures imprimées ne sont pas justes, y estant representées souvent une ou deux fois plus grandes ou plus petites qu'elles ne doivent estre selon le nombre des diamétres de Jupiter que M. Gassendi leur attribuë; ce qui fait douter de la justesse des autres figures, ausquelles le nombre de diamétres n'est pas marqué expressément; ces fautes pouvant estre attribuées à l'impression qui fut faite aprés la mort de l'Auteur, sans que personne ait pris le soin de conferer ces figures avec l'original.

On voit aussi que la direction de la ligne dans laquelle les satellites sont disposez dans la figure, ne s'accorde point à la description qui y est ajoustée; les satellites, que dans la premiere observation du 9 Decembre M. Gassendi dit avoir esté dans une ligne droite avec Jupiter, ne s'y trouvant point dans la figure.

Mais pour ce qui eſt de la différence entre les latitudes des ſatellites, nous l'avons trouvée dans les figures comme dans les deſcriptions; c'eſt pourquoy nous pouvons ſuppoſer qu'elle y eſt auſſi bien marquée, quand il n'en eſt pas parlé dans la deſcription, & particulierement quand les ſatellites ſont proches de la conjonction mutuelle en longitude, où la différence de latitude eſt plus évidente.

Aprés ces précautions, nous avons trouvé que dans l'obſervation du 17 Decembre 1633 faite à Digne, le ſatellite plus occidental éloigné du centre de Jupiter d'un diamétre & un quart, eſtoit le ſecond ſatellite qui alloit vers Jupiter, eſtant par conſéquent dans la partie ſupérieure de ſon cercle. Il eſtoit méridional à l'égard du ſatellite précedent, qui eſtoit éloigné du centre de Jupiter de trois quarts de ſon diamétre, & qui alloit auſſi vers Jupiter dans la partie ſupérieure de ſon cercle. Ces deux ſatellites eſtoient ceux qui dans l'obſervation du 18 eſtoient les plus proches de Jupiter du coſté d'orient; le ſecond, qui eſtoit le plus occidental, s'eſtant approché du troiſiéme, à l'égard duquel il eſtoit encore plus méridional. Si l'on ne conſideroit que cette figure, on diroit que la latitude de ce ſatellite eſtoit méridionale à l'égard du centre de Jupiter, parce que ce ſatellite eſt repreſenté au-deſſous de la ligne tirée par les deux autres qui paſſe par le centre de Jupiter: mais nous avons ſujet de douter que la direction de cette ligne ne ſoit pas plus conforme à l'obſervation que celle du 9 Decembre. Ainſi tout ce qu'il y a de certain, eſt que le ſecond ſatellite eſtoit plus méridional que le troiſiéme.

D'ailleurs, les ſatellites qui ſont dans la meſme partie de leurs cercles ſupérieure ou inférieure, ont ordinairement la meſme eſpece de latitude ſeptentrionale ou méridionale: & quand deux ſatellites ſont proches de leur conjonction, celuy qui décrit un plus grand cercle autour de Jupiter, a ordinairement une plus grande latitude que l'autre à l'égard du centre de Jupiter. Selon ces deux hypotheſes, le ſecond & le troiſiéme ſatellite, qui par l'obſervation alloient d'occident en orient, & eſtoient dans la partie ſupérieure de leurs cercles, devoient avoir une latitude de la meſme eſpece; & celle du ſecond, qui fait un plus petit cercle autour de Jupiter, devoit eſtre plus petite. Mais par l'obſervation le ſecond eſtoit plus auſtral que le troiſiéme; donc ſa latitude eſtoit moins ſeptentrionale, & l'une & l'autre latitude à l'égard du centre de Jupiter devoit eſtre ſeptentrionale. Si cela eſtoit ainſi, ce qu'il y a de certain dans ces obſervations aidé par les hypotheſes qui ſuppléent au defaut des figures, s'accorde avec l'hypotheſe de Galilée, ſelon laquelle les latitudes des ſatellites de Jupiter dans les demicercles ſupérieurs ſont ſeptentrionales, quand la latitude de Jupiter eſt méridionale.

Il eſt évident que la latitude de Jupiter eſtoit alors méridionale. Car

Car ſelon les obſervations que M. Gaſſendi fit le 19 du meſme mois de Décembre à 11 heures du matin, Jupiter ſe joignit en longitude avec l'étoile fixe dans la conſtellation des Jumeaux appellée *Propus*, qui ſelon le Catalogue de Tycho, eſtoit à 25 degrez, 50 minutes des Jumeaux, avec une latitude auſtrale de 13 minutes. Dans cette conjonction Jupiter fut plus meridional que l'étoile de 5. minutes; c'eſt pourquoy il eût 18 minutes de latitude auſtrale.

Les Ephémerides d'Argolius calculées ſur les Tables de Longomontanus, mettoient Jupiter à 25 degrez, 41 minutes des Jumeaux, avec 19 minutes de latitude meridionale: celles de Kepler le mettoient à 25 degrez, 45 minutes du meſme ſigne, avec une latitude meridionale de 16 minutes.

Jupiter eſtoit alors retrograde, & ſa latitude meridionale alloit en diminuant. Aprés ſa retrogradation il retourna vers la meſme étoile Propus; & ſelon les obſervations que M. Gaſſendi fit à Aix, il s'y joignoit en longitude le 12 Avril 1634 vers les 8 heures du matin; de ſorte pourtant qu'il eſtoit plus ſeptentrional de neuf ou dix minutes, & n'avoit plus que trois ou quatre minutes de latitude meridionale.

M. Bulliau fit la meſme obſervation à Lodun le ſoir du meſme jour à 8 heures & demie, & jugea que Jupiter avoit déja paſſé au-delà de cette étoile environ de trois minutes, & qu'il n'avoit que quatre minutes de latitude meridionale.

Dans les configurations des ſatellites de Jupiter que M. Gaſſendi obſerva en ce temps-là, ils parurent tout diſpoſez preſque en une ligne droite avec le centre de Jupiter: ce qui eſtoit auſſi conforme à l'hypotheſe de Galilée, ſelon laquelle la latitude des ſatellites doit eſtre auſſi petite à proportion, que celle de Jupiter.

Laiſſant à part un grand nombre d'autres obſervations de M. Gaſſendi, que nous avons éxaminées, dans leſquelles les différences des latiudes furent petites ou douteuſes, celles qu'il fit entre le 13 & le 27 d'Aouſt de l'an 1642 ſont conſiderables, parce que les différences des latitudes de Jupiter à leur rencontre y ſont repreſentées quelquefois plus grandes que le diametre de Jupiter: la latitude de Jupiter eſtoit encore des plus grandes, & elle eſtoit meridionale. La latitude des ſatellites eſtoit auſſi meridionale dans les demicercles inferieurs, & ſeptentrionale dans les demicercles ſuperieurs; ce qui ſembloit auſſi conforme à l'hypotheſe de Galilée.

Ainſi, parcourant les autres obſervations de M. Gaſſendi, qui ſe terminent à l'année 1645, nous n'avons rien trouvé qui ſoit évidemment contraire à cette hypotheſe, & particuliérement dans les circonſtances où les différences des latitudes ſont ſi évidentes, qu'il n'eſt pas vrayſemblable qu'on s'y ſoit trompé dans les figures, par leſquelles seules aprés l'année 1634 ces observations sont ordinairement marquées.

M. Hevelius fit aux mesmes années 1642, 1643, & 1644 un grand nombre d'observations rapportées dans sa Selenographie, qui sont conformes aux hypotheses de Galilée, touchant les especes des latitudes dans leurs demicercles superieurs & inferieurs.

Dans ces observations, aussibien que dans celles de Galilée & de Gassendi, il faut distinguer les satellites par leur mouvement tiré de la comparaison des unes avec les autres, sans s'arrester aux charactéres, par lesquels M. Hevelius marque les satellites, n'estant pas toûjours les mesmes satellites ceux qui sont marquez par les mesmes charactéres en diverses observations.

Il faut aussi distinguer la situation des satellites dans leurs demicercles supérieurs & inférieurs par la direction de leur mouvement sans suivre les préventions de M. Hevelius, & l'on trouvera que dans toutes ces observations les latitudes des satellites estoient septentrionales dans les demicercles supérieurs, & méridionales dans les inférieurs, pendant que la latitude de Jupiter estoit méridionale, comme l'hypothese de Galilée le demandoit.

Cela estant, il y a lieu de s'étonner que M. Hevelius dans sa Sélenographie, aprés avoir fait le rapport des observations de ces années, qu'il insera ensuite à la fin de cét ouvrage, donne pour régle générale que les latitudes des satellites sont méridionales, quand les satellites sont plus éloignez de nous; & septentrionales, quand ils en sont plus proches, ainsi que Simon Marius avoit établi.

L'on peut voir par là, que M. Hevelius n'a pas distingué ordinairement un satellite de l'autre, ni leurs demicercles supérieurs des inférieurs, puis que la régle qu'il donne est directement opposée à ce que l'on trouve par ses observations immédiates. S'il avoit distingué un satellite de l'autre, il n'auroit pas établi que Mercure Jovial, c'est-à-dire, le premier satellite, a toûjours plus de latitude que Vénus Joviale, qui est le second satellite; & que le second est plus que le troisiéme, & le troisiéme plus que le quatriéme: ce qui se trouve évidemment contraire à ses propres observations, par lesquelles il paroist que le quatriéme satellite estant proche de Jupiter, a plus de latitude que le troisiéme; que le troisiéme en a plus que le second, & le second plus que le premier. Et s'il avoit distingué les demicercles supérieurs des inférieurs, il n'auroit pas jugé qu'un satellite sortoit de l'ombre de Jupiter quand ils s'éloignoit de Jupiter vers l'occident, ce qui devoit faire connoistre, selon la régle que nous avons indiquée, que le satellite estoit dans la partie inférieure de son cercle, & non pas dans la supérieure où s'adresse l'ombre de Jupiter toûjours opposée au soleil, qui à l'égard de Jupiter est toûjours du costé de la terre où nous sommes.

On peut ajouster aux observations que nous avons examinées le témoignage non seulement de Galilée, mais aussi de Simon Marius, du P. Scheiner, de Mrs Gassendi, & Hevelius, & du P. Riccioli, qui asseûrent comme une chose constante, que les satellites de Jupiter, lors qu'ils sont dans leurs plus grandes digressions, sont toûjours disposez avec le centre de Jupiter dans une ligne droite parallele à l'écliptique ; comme il devroit arriver si le plan de leurs cercles estoit parallele au plan de l'écliptique : ainsi cette hypothese sembloit estre aussibien établie qu'aucune autre hypothese astronomique, tant par le grand nombre d'observations sur lesquelles elle sembloit estre fondée, que par l'autorité des plus sçavans Astronomes qui l'avoient établie & confirmée. Elle estoit encore recommandable par son élegance & par sa simplicité, d'autant que toute la variation observée dans les latitudes estoit représentée par une situation des cercles des satellites, aussi permanente dans la révolution de ces cercles avec Jupiter autour du soleil en douze années, que la situation de l'équinoxial de la terre dans sa révolution annuelle, selon l'hypothese Copernicienne ; toute cette variation se pouvant ainsi expliquer par les seules régles d'Optique, sans aucun mélange d'autres mouvemens que de ceux qui sont d'ailleurs receûs dans l'Astronomie, & qui ont esté connus par les Anciens.

X.

Observations contraires à l'Hypothese précedente.

Cependant, les premiéres observations de ces satellites que je fis sept ans aprés les derniéres de M. Gassendi, que je viens de rapporter, me firent connoistre dans la suite que leurs cercles avoient une déclinaison fort considerable du plan de l'écliptique, & qu'ils les coupoient en deux endroits fort éloignez des intersections de l'orbite de Jupiter avec l'écliptique mesme. D'où je compris combien il est difficile d'établir des hypotheses Astronomiques qui soient aussi propres pour representer à l'avenir les apparences celestes, qu'elles semblent suffisantes à representer les passées, quelque grand que soit le nombre des observations sur lesquelles elles sont fondées, & quelque beauté & simplicité que nous trouvions dans ces hypotheses.

J'observay premiérement, que quand Jupiter estant dans l'écliptique, passoit par son nœud descendant qui est dans le Capricorne, ses satellites n'estoient point disposez dans une ligne droite avec le centre de Jupiter ; mais qu'ils avoient une latitude considerable, qui estoit ſeptentrionale dans les demicercles inférieurs, & méridionale dans les demicercles ſupérieurs.

Secondement, que 14 ou 15 mois aprés que Jupiter avoit paſſé par l'écliptique, ſes ſatellites paroiſſoient diſpoſez dans une ligne droite avec le centre de Jupiter, non ſeulement dans leurs plus grandes digreſſions, mais auſſi quand ils eſtoient proche de Jupiter, & en toutes leurs configurations; ce qui faiſoit connoiſtre que ces ſatellites eſtoient alors dans un plan qui paſſoit par noſtre œil.

Troiſiémement, que cette ligne droite dans laquelle eſtoient diſpoſez les ſatellites dans toutes leurs configurations n'eſtoit pas parallele à l'écliptique; mais que quand la latitude de Jupiter eſtoit auſtrale, elle déclinoit de l'écliptique vers le ſepetentrion du coſté d'orient; au lieu que l'orbite de Jupiter déclinoit de l'écliptique vers le midi du meſme coſté d'orient.

Quatriémement, je trouvay que la déclinaiſon que les cercles des ſatellites avoient du plan de l'écliptique vers le ſeptentrion, eſtoit tout au moins auſſi grande que la déclinaiſon contraire de l'orbite de Jupiter vers le midy, & que la déclinaiſon que ce meſme plan avoit de l'orbite de Jupiter eſtoit tout au moins double de la déclinaiſon de la meſme orbite, à l'égard du plan de l'écliptique. Elle paroiſſoit meſme un peu plus grande que le double; mais j'eûs beaucoup de peine à déterminer de combien, cét excés me ſemblant tantoſt plus grand, tantoſt plus petit; ſoit qu'il fuſt variable en luy-meſme, ou que cette variation duſt eſtre attribuée en tout ou en partie à la grande difficulté qu'il y avoit de la déterminer éxactement.

Cinquiémement, ayant trouvé la méthode de déterminer l'endroit où l'orbite des ſatellites, qui eſtoit repreſentée comme une ligne droite, coupoit l'orbite de Jupiter dans les orbes des ſatellites, qui eſtoit repreſentée en meſme temps comme une ellipſe, je trouvay que la ligne de cette interſection eſtoit parallele à celle qui eſtant tirée par le centre de la terre, paſſe à peu prés par le milieu des ſignes d'Aquarius & du Lion.

Et par ce qu'au temps des obſervations de Galilée, & des autres que nous avons rapportées, cette interſection ſembloit concourir à peu prés avec la ligne des neuds de Jupiter, & que les cercles des ſatellites ſembloient eſtre paralleles à l'écliptique; j'entray dans la penſée qu'il ſe pourroit bien faire, qu'au temps de la découverte de ces ſatellites, leur cercle euſt eû la poſition décrite par Galilée, & que peu à peu cette ſituation euſt varié de ſorte, que par ſucceſſion de temps ces cercles ſe fuſſent inclinez à l'écliptique, & au plan qui luy eſt parallele: & que l'interſection de ces cercles avec l'orbite de Jupiter, qui pouvoit concourir du commencement avec l'interl'interſection de cette orbite & de l'écliptique auroit pû depuis ce temps-là s'en eſtre éloignée, à peu prés comme fait l'orbite de la lune, qui coupe quelquefois l'écliptique dans les interſections meſme de l'écliptique avec l'équinoxial, & qui a un mouvement particulier, par lequel ſes nœuds s'éloignent de ces interſections d'un mois à l'autre, ſelon les anciennes découvertes; & comme il arrive auſſi à l'angle de ſon inclinaiſon à l'écliptique, que les Anciens ſuppoſoient eſtre toûjours le meſme, & qui néanmoins eſt variable ſelon les découvertes de Tyco-Brahé confirmées par les obſervations récentes.

X I.

Des Hypotheſes du mouvement des nœuds des Satellites de Jupiter.

AYANT trouvé par mes obſervations les nœuds des ſatellites de Jupiter avec ſon orbite vers le milieu d'Aquarius éloignez de plus de 35 degrez des nœuds de Jupiter ſelon qu'ils ſont déterminez par les obſervations modernes; & ayant obſervé que les différences des latitudes des ſatellites, quand Jupiter eſtoit dans l'écliptique eſtoient viſibles, meſme par de petites lunettes de trois ou quatre pieds, qui me les faiſoient appercevoir, quand il n'eſtoit éloigné que de trois ou quatre degrez des nœuds de ſes ſatellites: je jugeay que ſi cette diſtance avoit eſté auſſi grande au temps des obſervations de Galilée & des autres, qu'au temps de mes obſervations, l'effet qu'elle auroit produit dans les latitudes des ſatellites, auroit pu eſtre ſenſible par les obſervations précedentes faites par des lunettes qui paſſoient alors pour excellentes.

C'eſt pourquoy ayant ſuppoſé que les nœuds des ſatellites avec ſon orbite eſtoient ſi proches des nœuds de cette orbite avec l'écliptique au temps de leur premiére découverte, qu'il fut difficile d'appercevoir la différence que cette diſtance produiſoit dans les latitudes des ſatellites; j'attribuay aux nœuds des ſatellites un mouvement ſelon la ſuite des ſignes d'environ un demidegré par année, pour accorder autant qu'il m'eſtoit poſſible les obſervations des autres, qui demandoient que ces nœuds fuſſent proches des nœuds de Jupiter, avec les miennes faites depuis, qui montroient que les nœuds des ſatellites eſtoient fort éloignez de ceux de Jupiter; le devoir d'un Aſtronome eſtant de trouver des hypotheſes qui accordent les obſervations anciennes avec les modernes.

J'ébauchay la Table du mouvement des nœuds des ſatellites qui me parut propre pour cét accord des obſervations, & je la donnay dans mes premiéres Ephémerides de l'an 1668, afin qu'on la puſt conférer avec les obſervations.

Depuis ce temps-là, ayant continué les obſervations des ſatellites de Jupiter avec une grande aſſiduité, & particuliérement aprés avoir eû l'honneur d'eſtre appellé par ordre du Roy à l'Académie Royale des Sciences, & à ſon Obſervatoire Royal ; je trouvay que mes derniéres obſervations comparées avec les premiéres, ne ſouffrent point un mouvement des nœuds de ces ſatellites auſſi viſte que celuy que j'avois propoſé pour accorder mes obſervations avec celles de Galilée & des autres, ni une ſi grande variation de déclinaiſon que ſeroit celle qui ſemble réſulter de la comparaiſon de ces obſervations.

Il n'y avoit point d'apparence que les nœuds des ſatellites euſſent eû un mouvement ſi viſte depuis leur premiére découverte juſqu'au temps de mes premiéres obſervations, & que depuis ce temps-là ce mouvement ſe fuſt arreſté ou rallenti de ſorte que pendant 24 années ces nœuds ſe fuſſent toûjours trouvez au meſme lieu à un ou deux degrez prés. Il eſtoit plus vrayſemblable que dans les obſervations de Galilée & des autres Aſtronomes faites par des lunettes peu excellentes, quoy qu'elles fuſſent alors fort eſtimées, on n'avoit pas apperceû les latitudes que les ſatellites devoient avoir lors que Jupiter eſtoit proche de ſes nœuds ſans latitude ſenſible ; & que cela avoit donné ſujet à Galilée & à la pluſpart des autres Aſtronomes de ſuppoſer que les nœuds où les latitudes de Jupiter commencent & finiſſent, fuſſent les meſmes que ceux où commencent & finiſſent les latitudes de ces ſatellites ; quoy-que, ſelon mes obſervations, il duſt y avoir entre les uns & les autres une différence de 35 ou de 36 degrez. Et comme il eſtoit à propos d'établir des hypotheſes qui puſſent repreſenter mes obſervations, & celles que la poſtérité feroit avec toutes les précautions néceſſaires, plûtoſt que les obſervations anciennes, douteuſes, & ſuſpectes ; je crûs qu'il m'eſtoit permis de ſuppoſer que la ſituation des nœuds de ces ſatellites avoit eſté à peu prés la meſme au temps de leur premiére découverte, que pendant tout le temps de mes obſervations, & de renoncer à ce mouvement des nœuds des ſatellites, que j'avois propoſé pour concilier autant qu'il eſtoit poſſible, les obſervations anciennes avec les miennes.

Aprés avoir obſervé encore deux autres fois que les latitudes des ſatellites eſtoient tres-ſenſibles au retour de Jupiter à l'écliptique, j'en donnay avis au public dans le Journal des Sçavans du mois de Septembre de l'an 1676, quand Jupiter ayant quitté depuis ſix mois ſon nœud deſcendant alloit vers le nœud aſcendant de ſes ſatellites, où il ſe devoit trouver aprés ſix autres mois, & j'invitay les Aſtronomes à obſerver le renverſement apparent du ſyſtême des ſatellites, qui ſe devoit faire en cette occaſion, les demicercles ſupérieurs, qui depuis six ans estoient tournez du costé du midy, devant se tourner l'année suivante du costé du septentrion : ce qui auroit dû arriver l'année précedente selon les hypotheses des autres Astronomes.

Ce phénomene arriva au temps que je l'avois prédit, & les nœuds des satellites parurent par ces observations & par les autres que j'ay faites depuis, entre le 13ᵉ & le 15ᵉ degré des signes d'Aquarius & du Lion ; de sorte que si nous les supposons au 14ᵉ degré de ces signes, toutes les déterminations que j'en ay faites par mes observations de 36 années, s'accordent à un degré prés à cette supposition, quoy qu'elles s'éloignent des hypotheses des autres Astronomes de plus de 35 degrez.

Une différence si grande dans les nœuds des satellites ne paroistra pas tout-à-fait étrange, si l'on considere celle qui est entre les Astronomes de ce siécle & ceux du siécle passé touchant les nœuds de Jupiter, qui ne sont pas si difficiles à déterminer que ceux de ses satellites. Cette différence qui monte jusqu'à 23 degrez, fait connoistre combien il est difficile de déterminer, à quelques degrez prés, les nœuds des planettes sur les observations faites par divers Astronomes.

Celles mesme qui sont faites par un mesme Astronome ne donnent point les nœuds dans le mesme degré, comme l'on peut voir par la recherche qui en a esté faite avec beaucoup de soin par M. Boulliaud dans son Astronomie Philolaïque, où ayant rapporté plusieurs observations de Jupiter, qu'il avoit faites en divers temps par la lunette, il trouve que par le rapport de trois de ces observations, le nœud boréal de Jupiter tombe au 10ᵉ degré, 5 minutes, du signe du Cancer. Ensuite, aprés avoir établi l'inclinaison de l'orbite de Jupiter, il trouve qu'une de ces observations montre le nœud au 10ᵉ degré, 52 minutes ; qu'une autre le montre au 15ᵉ degré, 44 minutes ; & qu'un autre enfin le montre au 15ᵉ degré du mesme signe. Il le suppose pourtant au 8ᵉ degré, 52 minutes ; ce qui s'accorde, à quelques minutes prés, avec le lieu où j'ay trouvé ces nœuds par quelques-unes de mes derniéres observations qui m'ont obligé dans mes derniéres Tables de m'éloigner de trois degrez des hypotheses de Kepler & de Lansberge, que j'avois suivies dans les premiéres.

Au reste, puis qu'il est si difficile de déterminer les nœuds des planettes principales à un degré prés, il seroit inutile d'entreprendre de déterminer les minutes des nœuds des satellites ; c'est pourquoy il nous doit suffire d'en avoir déterminé le degré. Car il faut remarquer qu'un degré de distance entre Jupiter & les nœuds de ses satellites ne produit que 3 minutes de latitude synodique, & que 3 minutes dans le cercle du quatriéme qui est le plus grand cercle que les quatre satellites décrivent, ne paroissent pas à la terre plus grands qu'une seconde ; ce qui est une différence extrémement difficile à déterminer.

Dans les cercles des trois autres ſatellites cette différence paroiſt encore plus petite à proportion de leurs diamétres, celuy du premier cercle n'eſtant pas égal à la quatriéme partie du diamétre du quatriéme. C'eſt pourquoy il eſt extrémement difficile de déterminer ſi les quatre ſatellites ont les meſmes nœuds, ou ſi les nœuds des uns ne ſont pas éloignez de quelque degré des nœuds des autres.

Nous avons néanmoins vû quelquefois tous les quatre ſatellites ſe rencontrer enſemble dans l'eſpace de 15 jours, ſans qu'il paruſt entre eux aucune latitude dans le temps de la conjonction; mais quand l'un ſe ſéparoit de l'autre, le quatriéme & le troiſiéme ſembloient avoir un peu de latitude à l'égard des autres, dont la latitude pouvoit eſtre tout-à-fait imperceptible, puis que la ſomme de toutes les deux latitudes oppoſées ne ſe pouvoit diſtinguer qu'avec une grande difficulté. Ainſi, autant que nous en pouvons juger par cette méthode qui nous paroiſt la plus évidente, les nœuds des quatre ſatellites ſont enſemble, ou tres-peu éloignez les uns des autres: du moins nous n'avons juſqu'à préſent aucun ſujet de les ſéparer, de peur de nous éloigner de leur véritable ſituation, plûtoſt en les ſéparant qu'en les ſuppoſant joints enſemble.

Et comme par nos obſervations faites pendant l'eſpace de 37 années les nœuds des ſatellites de Jupiter ſe rapportent toûjours à peu prés au milieu des ſignes d'Aquarius & du Lion, il ne paroiſt point que ces nœuds ayent un mouvement proportionné à celuy des nœuds de la lune, où le cercle de ſon mouvement coupe l'écliptique; quelque analogie qu'on trouve entre le mouvement des ſatellites autour de Jupiter ſur des cercles tranſportez par Jupiter autour du ſoleil en 12 années, qui eſt une année de Jupiter, & le mouvement de la lune autour de la terre ſur un cercle tranſporté autour du ſoleil en une de nos années. Car les nœuds de ces ſatellites vûs de Jupiter ne varient point auſſi évidemment d'une révolution autour de Jupiter à l'autre, ni d'une révolution autour du ſoleil à l'autre, que varient les nœuds de la lune vûs de la terre, qui font 19 degrez en une année contre la ſuite des ſignes.

Il ſemble que la ſituation des nœuds de Jupiter, de la maniére qu'elle ſeroit vûë de Jupiter meſme, ait plus de rapport à la ſituation des nœuds des planettes principales, qui font immédiatement leurs révolutions autour du ſoleil; d'où l'on doute ſi ces nœuds ne ſe verroient pas fixes à l'égard des étoiles fixes, comme ſelon les hypotheſes de pluſieurs Aſtronomes anciens & modernes, qui ne leur donnent point d'autre mouvement, que celuy qu'on attribuë aux étoiles fixes à l'égard des points des équinoxes & des ſolſtices; ou s'ils n'ont point quelque mouvement particulier un peu plus lent, ou un peu plus viſte que celuy qu'on attribuë aux étoiles fixes, à l'égard deſquelles

quelles il ne reste aux nœuds de ces planettes principales qu'un mouvement presque imperceptible, partie selon la suite des signes, partie contre cette suite : ce qui est tres-difficile à décider, parce que ce mouvement par lequel les nœuds s'éloignent des étoiles fixes, ne produiroit qu'une différence dans les latitudes, si petite, qu'on la pourroit aussi-bien attribuër à la grande difficulté qu'il y a de la déterminer par les observations, qu'à un mouvement réel.

Comme il n'est point évident que les nœuds des planettes principales changent de situation à l'égard des étoiles fixes, il n'est pas non plus évident que la ligne des nœuds des satellites de Jupiter change de déclinaison à l'égard d'une ligne droite tirée par le centre du soleil qui seroit fixe à l'égard des étoiles fixes. Nous n'avons donc aucun sujet de supposer aucun mouvement sensible de ces nœuds à l'égard de cette ligne : & comme l'on attribuë aux étoiles fixes un mouvement à l'égard des points des équinoxes & des solstices, par lequel elles s'avancent vers l'orient d'un degré en 72 ans, que plusieurs Astronomes supposent estre commun aux nœuds des autres planettes principales; rien n'empesche de supposer que cette ligne qui régle la situation des nœuds des satellites, ait la mesme apparence de mouvement, par lequel elle ne se seroit avancée vers l'orient depuis la premiere découverte des satellites qu'un peu plus d'un degré ; ce qui n'auroit produit aucun effet sensible dans les latitudes des satellites, qui l'eust pû faire connoistre avec assez d'évidence.

Ainsi, pour établir une époque des nœuds des satellites dans l'orbite de Jupiter, qui s'accorde avec nos observatious, autant que la difficulté de la chose le peut permettre, nous supposons qu'à la fin de ce siécle leur nœud boréal sera au milieu du signe d'Aquarius.

XII.

Du mouvement apparent des nœuds des Satellites à l'égard du soleil.

LE centre de Jupiter se trouvera donc dans la ligne des nœuds des satellites quand il passera par le milieu d'Aquarius, ou du Lion : & pour lors un des nœuds des satellites sera vû du soleil dans la partie inférieure de son cercle concourir avec le centre apparent de Jupiter, pendant que l'autre nœud sera dans la partie supérieure ; & les cercles des satellites seront representez au soleil comme une ligne droite qui passera par le centre de Jupiter, & déclinera de son orbite, & les points de sa plus grande déclinaison seront alors l'un dans la digression orientale, l'autre dans l'occidentale.

En cét état les éclipses des satellites dans l'ombre de Jupiter seront centrales, & les éclipses de Jupiter causées par l'ombre de ses satellites seront aussi centrales.

Mais à mesure que Jupiter s'éloignera du milieu d'Aquarius vers l'orient, la ligne des nœuds des satellites transportée par le mouvement de Jupiter demeurant parallele à celle qui passe par le centre du soleil, le nœud inférieur s'éloignera du centre apparent de Jupiter vers la digression orientale, & le supérieur s'en éloignera vers la digression occidentale. Les points opposez de la plus grande déclinaison s'éloigneront des points des plus grandes digressions sur deux lignes paralleles à l'orbite de Jupiter, qui à son égard seront comme les deux tropiques à l'égard de l'équinoxial; ainsi le cercle de chaque satellite compris entre ces deux especes de tropiques estant vû du soleil, se transformera en une ellipse étroite, & déclinante de l'orbite de Jupiter, laquelle se dilatera peu à peu, & deviendra moins oblique, jusqu'à ce que Jupiter arrive en la troisiéme année au milieu des signes du Taureau. Alors les nœuds des satellites seront dans les points des plus grandes digressions, & les points des plus grandes déclinaisons seront au milieu des lignes qui representent les deux tropiques: l'ellipse qui represente l'orbe du satellite sera plus ouverte qu'elle puisse estre, & son plus long diamétre sera couché sur l'orbite de Jupiter. Les latitudes synodiques qui se prennent depuis le centre apparent de Jupiter jusqu'à l'orbite de chaque satellite seront les plus grandes, & leurs éclipses dans l'ombre de Jupiter, & celles de Jupiter causées par l'ombre de ses satellites seront de moindre durée qu'aux autres années. Le quatriéme satellite ne s'éclipsera point ni en toute cette année, ni en une grande partie de l'année précedente, & de la suivante. Car il paroist par les observations, que quand il passe le milieu d'Aries & de Libra dans ses conjonctions avec Jupiter, il passe audessus ou audessous de son disque éclairé du soleil sans rencontrer l'ombre de Jupiter.

A mesure que Jupiter s'éloignera du milieu du Taureau ou du Scorpion, les nœuds des satellites vûs du soleil s'éloigneront des points des plus grandes digressions, & se raprocheront du centre de Jupiter; & au contraire les points des plus grandes déclinaisons s'éloigneront du milieu du disque de Jupiter sur leurs tropiques vers les points des plus grandes digressions qui s'éloigneront de l'orbite de Jupiter. C'est pourquoy les ellipses des satellites se retressiront de sorte, que quand Jupiter approchera du milieu des Jumeaux ou du Sagitaire, le quatriéme satellite recommencera de s'éclipser dans l'ombre de Jupiter, & d'éclipser Jupiter par son ombre. La durée des autres éclipses augmentera jusqu'à ce que Jupiter arrive au milieu d'Aquarius ou du Lion, où les nœuds des satellites retournant au centre de Jupiter, leurs ellipses se réduiront à une ligne droite déclinante de l'orbite de Jupiter, & cette ligne passera par son centre.

Ainsi, le nœud ascendant des satellites de Jupiter sera vû du soleil aller en six années de la conjonction dans la partie supérieure à la digression occidentale, & de cette digression à la conjonction dans la partie inférieure, pendant que le nœud descendant ira de la conjonction dans la partie inférieure à la digression orientale, & delà à la conjonction dans la partie supérieure, & en six années chacun de ces nœuds parcourrera l'autre demicercle, & ils feront en 12 années, ou à peu prés, une révolution semblable à celle que chaque satellite fait en chacune de ses révolutions; mais en un sens contraire, & sur une ligne différente, qui est l'orbite de Jupiter dans les orbes des satellites representée au soleil comme une ligne droite qui passe toûjours par le centre de Jupiter, au lieu que la ligne des mouvemens de chaque satellite est representée au soleil comme une ellipse variable d'une révolution du satellite à l'autre.

XIII.

Du mouvement apparent des nœuds des Satellites à l'égard de la terre.

LES mesmes nœuds des satellites de Jupiter vûs de la terre font aussi une révolution autour de Jupiter en une période de 12 années, pendant laquelle ils vont de la conjonction dans la partie superieure à la digression occidentale, d'où ils reviennent vers la conjonction dans la partie inferieure & jusques à la digression orientale; & de là ils retournent à la conjonction dans la partie superieure. L'apparence de ce mouvement des nœuds des satellites se fait sur l'ellipse variable qui represente l'orbite de Jupiter dans les orbes de ses satellites, laquelle se réduit à une ligne droite quand le soleil passe par les nœuds de Jupiter. Les nœuds ont sur cette ligne l'inégalité de mouvement qui répond à celle de Jupiter autour de la terre modifiée par les inégalitez optiques qui dépendent de la distance entre le systême des satellites, & la terre, qui est variable par la révolution annuelle & par la révolution periodique de Jupiter.

On sçait que l'inégalité apparente de Jupiter autour de la terre est aussi variable, qu'elle est composée de deux inégalitez principales, dont une dépend de l'excentricité de Jupiter à l'égard du soleil; l'autre dépend du mouvement annuel qui cause la parallaxe annuelle qui est variable par la variation des aspects de Jupiter au soleil, & par celle de la proportion de la distance apparente entre ces deux astres. On sçait aussi que le mélange de ces deux inégalitez dans le mouvement de Jupiter & des autres planettes supérieures cause une apparence de libration à l'égard des points des équinoxes, par laquelle ces planettes sont tantost directes, tantost stationaires, & tantost retrogrades. Cette libration apparente fait que la mesme planette passe trois fois en une année par les mesmes degrez, qui sont compris entre les points des deux stations.

Les nœuds des satellites vûs de la terre auront donc sur l'ellipse, qui represente l'orbite de Jupiter, un mouvement variable annuel de direction & de retrogradation à l'égard du centre de Jupiter correspondant à celuy de Jupiter vû de la terre à l'égard des points des équinoxes; mais en un sens contraire : & par les régles de la perspective ce mouvement paroistra plus viste, lors que les nœuds seront prés des conjonctions, que quand ils seront prés des digressions.

Et particulierement en l'année que Jupiter passera par les signes d'Aquarius & du Lion, dans le semestre de l'opposition de Jupiter avec le soleil, le balancement des nœuds se fera audeça & audelà du centre apparent de Jupiter, avec lequel ils pourront se joindre jusqu'à trois fois dans une mesme année.

Si l'orbite de Jupiter, sur laquelle sont les nœuds des satellites, se voyoit passer toûjours par le centre de Jupiter, ou si la ligne des satellites estoit perpendiculaire à l'orbite de Jupiter, cette ligne passeroit par le centre de Jupiter au temps mesme des conjonctions de leurs nœuds avec Jupiter vûës de la terre.

Mais la ligne des satellites est inclinée à l'orbite de Jupiter, qui estant vûë de la terre, ne passe par le centre de Jupiter qu'au jour que le soleil passe par les nœuds de Jupiter mesme. Ce sera donc en cette occasion seule, que la ligne des satellites passera éxactement par le centre de Jupiter au temps de la conjonction de leurs nœuds avec Jupiter vû de la terre, ce qui ne se rencontre assez éxactement que de 83 en 83 années.

Aux autres années que Jupiter vû de la terre retourne à un des nœuds des satellites de Jupiter, quand le soleil ne passe point en mesme temps par un des nœuds de Jupiter, l'orbite de Jupiter dans les orbes des satellites estant alors representée par une ellipse presque concentrique à Jupiter, la ligne des satellites qui la coupe obliquement loin du centre de Jupiter, ne passera pas alors par le centre mesme, mais elle y passera quelque temps avant que Jupiter arrive au nœud de ses satellites, ou quelque temps aprés. Car il faudra qu'il soit éloigné de ces nœuds à une telle distance, que la latitude qui convient à cette distance & à l'inclinaison des cercles des satellites à l'égard de l'orbite de Jupiter, soit égale au plus petit demidiamétre de l'ellipse qui represente l'orbite de Jupiter dans les orbes des satellites. Ce demidiamétre de l'ellipse est plus grand lors que le soleil est plus éloigné des nœuds de Jupiter, comme il l'est à la fin de Mars & au commencement d'Octobre, qu'aux autres temps de l'année, & quand Jupiter est plus prés de son perigée que quand il en est plus éloigné, & quand il est plus prés des oppositions avec le soleil, que des conjonctions. Ces circonstances font varier diversement la distance entre le centre

tre de Jupiter & les nœuds de ses satellites, lorsque les cercles sont representez à la terre en forme de ligne droite. Suivant nostre calcul cette distance peut monter presque à sept degrez, que Jupiter ne fait qu'en plusieurs mois.

X I V.

Des plus grandes digressions des satellites de Jupiter.

JE donnay dans mes Tables de 1668. les digressions apparentes des satellites de Jupiter, de la maniere que je les avois déterminées par les observations de l'année 1665, & j'invitay en mesme temps les Astronomes à observer leur variation ; car je les avois trouvées en d'autres temps un peu differentes, & le plus souvent un peu plus grandes. Il arrive necessairement à ces digressions une diversité apparente par la variation de la distance de Jupiter à la terre, qui fait que les mesmes distances exposées directement à nostre vûë paroissent plus grandes lorsque Jupiter est plus proche, & plus petites lorsqu'il est plus éloigné, quand nous les mesurons par minutes & secondes; mais outre cette variation apparente il y en a une réele qu'on peut appercevoir en comparant les distances des satellites au diametre apparent de Jupiter, avec lequel elles ne devroient pas changer sensiblement de proportion par les diverses distances de Jupiter à la terre. Mais elles peuvent changer ou à cause de quelque excentricité des cercles des satellites à l'égard de Jupiter, ou de quelque mouvement réel ou apparent de leur apogée, ou de quelque variation du diamétre de leurs cercles, semblable à celle que divers Astronomes ont introduit dans la lune, ou à cause de la figure de Jupiter qui a souvent paru n'estre pas parfaitement ronde, mais sensiblement ovale, dont le plus grand diametre estoit ordinairement selon la ligne des digressions des satellites, & quelquefois un peu oblique ; quoy qu'il paroisse aussi quelquefois rond ; soit que l'axe de la revolution de Jupiter ne coupe pas le plus grand diametre en deux parties égales, le centre de son équilibre estant peut-estre different du centre de sa figure, ou par quelques autres causes encore inconnuës.

J'avois mesuré les digressions des satellites de Jupiter en diverses manieres, premierement en les comparant au diamétre de Jupiter non seulement à l'estime de l'œil, mais aussi par ces filets placez dans le foyer de la lunete à l'oculaire convexe, qui sont descrits dans les Ephemerides de Malvasia : & par les secondes du temps que les satellites employoient à passer avant & aprés Jupiter comparées à celles que Jupiter employoit à son passage par le fil perpendiculaire à la ligne du mouvement journalier vers l'Occident ; & enfin par le tempsque les satellites emploient à passer par le disque de Jupiter comparé au temps de leurs revolutions. Et parce que le temps de ce passage des satellites est variable à cause de leurs latitudes, qui les empeschent de passer toûjours par son centre, pour éviter les difficultez causées de cette variation, je prenois le temps du passage des satellites entre deux tangentes du disque de Jupiter perpendiculaires à la bande plus évidente qui paroist toûjours dans le disque de Jupiter par les bonnes lunettes de mediocre grandeur, & qui est presque exactement parallele à la ligne des mouvemens apparens des satellites.

Ces diverses manieres ne s'accordant pas exactement ensemble, & la mesme maniere d'observer ne donnant pas toûjours les mesmes mesures précises, je ne marquay dans ces Tables que les demi-diametres entiers de Jupiter qui entroient dans la digression du premier satellite, retranchant la fraction qu'il y avoit de surplus, parce que je n'esperois pas de la pouvoir déterminer avec assez de justesse ; & dans les autres satellites je garday la proportion de leurs digressions avec celle du premier, autant que je pûs faire, ne me servant que de demi-diamétres entiers. Mais aprés la construction de ces premieres Tables, ayant esté attentif aux occasions qui se presentoient de déterminer les digressions des satellites de Jupiter avec plus d'évidence & de subtilité, je me servis de celle qui se presenta l'an 1671, qui estoit le retour des satellites à leur nœud boreal, lorsque dans les conjonctions avec Jupiter ils passoient par le centre de son disque. Alors je determinay plus facilement le temps que les satellites employoient à parcourir le diametre de Jupiter dans les conjonctions, avec plus d'évidence que quand je mesurois le temps qu'ils employoient à passer entre les tangentes perpendiculaires à la bande principale, qui ne sont pas si sensibles que les bords de Jupiter, qui terminent le diametre parcourru par les satellites. Je déterminay donc en cette occasion

La digression du premier satellite de 5 demi-diametres de Jupiter & [illegible].
La digression du second satellite de 9
La digression du troisiéme satellite de 14 [illegible]
La digression du quatriéme satellite de 25 [illegible]

J'ay trouvé neanmoins dans la suite que ces mesures sont encore sujettes à des changemens, qui en certains temps varient sensiblement la durée des éclipses.

XV.

Des moyens mouvemens des Satellites de Jupiter.

J'AVOIS déterminé les moyens mouvemens des satellites de Jupiter par la comparaison de mes observations avec les plus anciennes que j'avois pû avoir, qui sont celles que Galilée fit l'an 1610 immédiatement aprés la premiere découverte de ces satellites, esperant que le plus grand intervalle de temps auroit servi à les distinguer plus exactement. Mais j'ay depuis esté obligé de les determiner par mes seules observations de 40 années, ne m'ayant pas esté possible de les accorder avec celles de Galilée comme j'aurois souhaité, à la réserve de celles du quatriéme, qui est le seul que Galilée connut du commencement parmi les autres à ses plus grandes digressions. Surquoy ayant donné depuis peu des éclaircissemens au P. Richaud Missionnaire à la Chine, qui ont esté publiez par le P. Goüye, & ayant mis ces moyens mouvemens dans les tables, suivant mes dernieres corrections, je ne m'étendray pas davantage. J'ajoûteray seulement, que par les mesmes causes j'ay esté obligé de fixer les nœuds des satellites parmi les étoiles fixes, & de m'éloigner de Kepler & de Lansberge dans les nœuds de Jupiter que j'avois suivis dans mes premieres Tables, & de me rapprocher de Longomontanus, de M. Bulliau & du P. Riccioli, qui les donnent plus avancez de plusieurs degrez.

XVII.

Des inégalitez du mouvement des Satellites de Jupiter.

QUANT aux inégalitez des mouvemens des satellites de Jupiter, j'avois trouvé avec assez d'évidence que leurs retours à l'ombre de Jupiter ne se font pas en temps presque égaux : ainsi que Galilée, Marius, Hodierna, & Erigone avoient supposé, mais qu'ils ont des inégalitez, dont la plus considerable est celle qui dépend de l'excentricité de Jupiter à l'égard du soleil, qui montant jusqu'à 5 degrez & demi ; & estant tantost additive, tantost substractive, fait une variation, qui dans les éclipses du premier satellite monte à une heure & demie, dans le quatriéme à 12 ou 13 heures, & dans les autres à proportion. Cette inégalité est évitée dans la methode que je donnay de calculer le mouvement apparent des satellites, & leurs éclipses.

Je ne parlay point dans mes premieres Tables de l'équation astronomique du temps, dans laquelle les Astronomes modernes ne s'accordant pas, je laissay à chacun la liberté de faire experience de sa propre methode, parce que je n'en trouvois aucune qui estant employée, ne laissast encore d'autres inégalitez dans les retours des satellites à l'ombre de Jupiter. Mais dans ces nouvelles Tables je me suis servi de l'équation astronomique, qui suppose les révolutions du premier mobile égales, & qui consiste dans la difference qui est entre l'ascension droite du soleil, & son moyen mouvement.

Aprés cette équation il reste encore d'autres inégalitez dans les mouvemens des satellites de Jupiter qui sont differentes en chacun d'eux. Dans la construction de mes premieres Tables le mouvement du quatriéme satellite me parut plus égal, que celuy de tous les autres, & le premier satellite me parut approcher de l'égalité du quatriéme. Je remarquay que dans le second & le troisiéme il y avoit des inégalitez plus considerables, & j'avoüay que dans les éphemerides je m'étois servi de certaines équations empiriques qui m'étoient connuës par les observations, sans que j'en eusse encore pû découvrir les causes. Monsieur Romer expliqua trés-ingénieusement une de ces inégalitez qu'il avoit observées pendant quelques années dans le premier satellite, par le mouvement successif de la lumiere, qui demande plus de temps à venir de Jupiter à la terre lorsqu'il en est plus éloigné, que quand il en est plus prés; mais il n'examina pas si cet hypothese s'accommodoit aux autres satellites qui demanderoient la mesme inégalité de temps. Il m'est arrivé souvent, qu'ayant établi les époques des satellites dans les oppositions avec le soleil, où les inégalitez synodiques doivent cesser, & les ayant comparées ensemble pour avoir le moyen mouvement, lorsque que je calculois sur ces époques & sur ce moyen mouvement les éclipses arrivées prés de l'une & de l'autre quadrature de Jupiter avec le soleil, le moyen mouvement calculé aux temps de ces quadratures s'est trouvé differer d'un degré entier, ou un peu plus, du vray mouvement trouvé par les observations immediates; desorte que les satellites dans les quadratures avoient environ un degré d'équation substractive à l'égard du mouvement établi dans les oppositions, d'où l'on pouvoit inferer que cette équation feroit doublée dans les conjonctions.

J'ay aussi observé quelquefois, que quand Jupiter parcourt le signe du Lion, où est le nœud austral de ses satellites, ils avoient un inégalité substractive tant dans l'opposition avec le soleil que dans les quadratures: & que quand Jupiter parcouroit le signe d'Aquarius, où est le nœud boreal de ces satellites, ils avoient une inégalité additive, qui montoit presqu'à un degré: mais cela n'estant pas arrivé de mesme en toutes les revolutions de douze années, dont il ne s'est pas encore pû observer un grand nombre, il suffit de l'indiquer presentement, afin qu'on y prenne garde au retour de Jupiter à ces deux signes du Zodiaque.

Aprés avoir remarqué à la fin des préceptes de mes premieres Tables, que l'inclinaison des cercles des satellites de Jupiter à son orbite, estoit un peu plus grande que le double de l'inclinaison de cette orbite à l'écliptique, j'ay trouvé que cet excés n'est pas toûjours le mesme dans une révolution de douze années, mais qu'il est le plus souvent de 15 minutes. C'est pourquoy j'ay enfin établi cette inclinaison des satellites à l'orbite de Jupiter de 2 degrez & 55 minutes, pour représenter avec le plus de justesse la plupart des éclipses de ces satellites.

TABULÆ

TABULÆ
MOTUUM
PRIMI SATELLITIS
JOVIS.

a

TABULA MEDIORUM MOTUUM
primi Satellitis Jovis in annis 100.

Anni.	S.	G.	'	"	Anni.	S.	G.	'	"	Anni.	S.	G.	'	"
1	3	23	27	25	34	2	25	26	50	67	1	27	26	15
2	7	16	54	50	35	6	18	54	15	B 68	0	14	23	0
3	11	10	22	15	B 36	5	5	51	0	69	4	7	50	25
B 4	9	27	19	0	37	8	29	18	25	70	8	1	17	50
5	1	20	46	25	38	0	22	45	50	71	11	24	45	15
6	5	14	13	50	39	4	16	13	15	B 72	10	11	42	0
7	9	7	41	15	B 40	3	3	10	0	73	2	5	9	25
B 8	7	24	38	0	41	6	26	37	25	74	5	28	36	50
9	11	18	5	25	42	10	20	4	50	75	9	22	4	15
10	3	11	32	50	43	2	13	32	15	B 76	8	9	1	0
11	7	5	0	15	B 44	1	0	29	0	77	0	2	28	25
B 12	5	21	57	0	45	4	23	56	25	78	3	25	55	50
13	9	15	24	25	46	8	17	23	50	79	7	19	23	15
14	1	8	51	50	47	0	10	51	15	B 80	6	6	20	0
15	5	2	19	15	B 48	10	27	48	0	81	9	29	47	25
B 16	3	19	16	0	49	2	21	15	25	82	1	23	14	50
17	7	12	43	25	50	6	14	42	50	83	5	16	42	15
18	11	6	10	50	51	10	8	10	15	B 84	4	3	39	0
19	2	29	38	15	B 52	8	25	7	0	85	7	27	6	25
B 20	1	16	35	0	53	0	18	34	25	86	11	20	33	50
21	5	10	2	25	54	4	12	1	50	87	3	14	1	15
22	9	3	29	50	55	8	5	29	15	B 88	2	0	58	0
23	0	26	57	15	B 56	6	22	26	0	89	5	24	25	25
B 24	11	13	54	0	57	10	15	53	25	90	9	17	52	50
25	3	7	21	25	58	2	9	20	50	91	1	11	20	15
26	7	0	48	50	59	6	2	48	15	B 92	11	28	17	0
27	10	24	16	15	B 60	4	19	45	0	93	3	21	44	25
B 28	9	11	13	0	61	8	13	12	25	94	7	15	11	50
29	1	4	40	25	62	0	6	39	50	95	11	8	39	15
30	4	28	7	50	63	4	0	7	15	B 96	9	25	36	0
31	8	21	35	15	B 64	2	17	4	0	97	1	19	3	25
B 32	7	8	32	0	65	6	10	31	25	98	5	12	30	50
33	11	1	59	25	66	10	3	58	50	99	9	5	58	15
										B 100	7	22	55	0

TABULA MEDIORUM MOTUUM
primi Satellitis Jovis in diebus anni.

Dies.	Januarius. S.	G.	'	"	Februarius. S.	G.	'	"	Martius. S.	G.	'	"
1	6	23	29	20	1	1	38	44	10	29	20	8
2	1	16	58	40	7	25	8	4	5	22	49	28
3	8	10	28	0	2	18	37	24	0	16	18	48
4	3	3	57	20	9	12	6	44	7	9	48	8
5	9	27	26	40	4	5	36	4	2	3	17	28
6	4	20	56	1	10	29	5	25	8	25	46	49
7	11	14	25	21	5	22	35	45	3	20	16	9
8	6	7	54	41	0	16	4	5	10	13	45	29
9	1	1	24	1	7	9	33	25	5	7	14	49
10	7	4	53	21	1	12	2	45	11	10	44	9
11	2	18	22	41	8	26	32	5	6	24	13	29
12	9	11	52	1	3	20	1	25	1	17	42	49
13	4	5	21	22	10	13	20	46	8	11	12	10
14	10	28	50	42	5	7	0	6	3	4	41	30
15	5	22	20	2	0	0	29	26	9	28	10	50
16	0	15	49	22	6	23	58	46	4	21	40	10
17	7	9	18	42	1	17	28	6	11	16	9	30
18	2	2	48	2	8	10	57	26	6	8	38	50
19	8	2	17	22	2	10	26	46	0	8	8	10
20	3	19	46	42	9	27	56	6	7	26	37	30
21	10	13	16	3	4	21	25	27	2	18	6	51
22	5	6	45	23	11	14	54	47	9	12	36	11
23	0	0	14	43	6	8	24	7	4	6	5	31
24	6	23	44	3	1	1	53	27	10	29	34	51
25	1	17	13	23	7	25	22	47	5	23	4	11
26	8	10	42	43	2	19	52	7	0	16	33	31
27	3	4	12	3	9	12	21	27	7	10	3	51
28	9	27	41	23	4	5	50	47	2	3	32	11
29	4	21	10	44					8	27	1	32
30	1	14	40	4					5	20	30	52
31	6	8	9	24					10	14	0	12

TABULA MEDIORUM MOTUUM
primi Satellitis Jovis in diebus anni.

	Aprilis.				Maius.				Junius.			
Dies	S.	G.	′	″	S.	G.	′	″	S.	G.	′	″
1	5	7	29	31	4	22	9	35	11	0	18	59
2	0	0	58	51	11	15	38	55	5	23	48	19
3	6	24	28	11	6	9	8	15	0	17	17	39
4	1	17	57	31	1	2	37	35	7	10	46	59
5	8	11	26	51	7	26	6	55	2	4	16	19
6	3	4	56	12	2	19	36	16	8	27	45	40
7	9	28	25	32	9	13	5	36	3	21	15	0
8	4	21	54	52	4	6	34	56	10	14	44	20
9	11	15	24	12	11	0	4	16	5	8	13	40
10	6	8	53	32	5	23	33	36	0	1	43	0
11	1	2	22	52	0	17	2	56	6	25	12	20
12	7	25	52	12	7	10	32	16	1	18	41	40
13	2	19	21	33	2	4	1	37	8	12	11	1
14	9	12	50	53	8	27	30	57	3	5	40	21
15	4	6	20	13	3	21	0	17	9	29	9	41
16	10	29	49	33	10	14	29	37	4	22	39	1
17	5	23	18	53	5	7	58	57	11	16	8	21
18	0	16	48	13	0	1	28	17	6	9	37	41
19	7	10	17	33	6	24	57	37	1	3	7	1
20	2	3	46	53	1	18	26	57	7	26	36	21
21	8	27	16	14	8	11	56	18	2	20	5	42
22	3	20	45	34	3	5	25	38	9	13	35	2
23	10	14	14	54	9	28	54	58	4	7	4	22
24	5	7	44	14	4	22	24	18	11	0	33	42
25	0	1	13	34	11	15	53	38	5	24	3	2
26	6	24	42	54	6	9	22	58	0	17	32	22
27	1	18	12	14	1	2	52	18	7	11	1	42
28	8	11	41	34	7	26	21	38	2	4	31	2
29	3	5	10	55	2	19	50	59	8	28	0	23
30	9	28	40	15	9	13	20	19	3	21	29	43
31					4	6	49	39				

TABULA MEDIORUM MOTUUM

primi Satellitis Jovis in diebus anni.

Dies	Julius.				Augustus.				September.			
	S.	G.	′	″	S.	G.	′	″	S.	G.	′	″
1	10	14	59	3	4	23	8	27	11	1	17	50
2	5	8	28	23	11	16	37	47	5	24	47	10
3	0	1	57	43	6	10	7	7	0	18	16	30
4	6	25	27	3	1	3	36	27	7	11	45	50
5	1	18	56	23	7	27	5	47	2	5	15	10
6	8	12	25	44	2	20	35	8	8	28	44	30
7	3	5	55	4	9	14	4	28	3	22	13	50
8	9	29	24	24	4	7	33	48	10	15	43	10
9	4	22	53	44	11	1	3	8	5	9	12	30
10	11	16	23	4	5	24	32	28	0	2	41	51
11	6	9	52	24	0	18	1	48	6	26	11	11
12	1	3	21	44	7	11	31	8	1	19	40	31
13	7	26	51	5	2	5	0	29	8	13	9	52
14	2	20	20	25	8	28	29	49	3	6	39	12
15	9	13	49	45	3	21	59	9	10	0	8	32
16	4	7	19	5	10	15	28	29	4	23	37	52
17	11	0	48	25	5	8	57	49	11	17	7	12
18	5	24	17	45	0	2	27	9	6	10	36	32
19	0	17	47	5	6	25	56	29	1	4	5	52
20	7	11	16	25	1	19	25	49	7	27	35	12
21	2	4	45	46	8	12	55	10	2	21	4	33
22	8	28	15	6	3	6	24	30	9	14	33	53
23	3	21	44	26	9	29	53	50	4	8	3	13
24	10	15	13	46	4	23	23	10	11	1	32	33
25	5	8	43	6	11	16	52	30	5	25	1	53
26	0	2	12	26	6	10	21	50	0	18	31	13
27	6	25	41	46	1	3	51	10	7	12	0	33
28	1	19	11	6	7	27	20	30	2	5	29	53
29	8	12	40	27	2	20	49	51	8	28	59	14
30	3	6	9	47	9	14	19	11	3	22	28	34
31	9	29	39	7	4	7	48	30				

TABULA MEDIORUM MOTUUM
primi Satellitis Jovis in diebus anni.

Dies	Octobre. S.	G.	′	″	November. S.	G.	′	″	December. S.	G.	′	″
1	10	15	57	54	4	24	7	18	4	8	47	22
2	5	9	27	14	11	17	36	38	11	2	16	42
3	0	2	56	34	6	11	5	58	5	25	46	2
4	6	26	25	54	1	4	35	18	0	19	15	22
5	1	19	55	14	7	28	4	38	7	12	44	42
6	8	13	24	35	2	21	33	59	2	6	14	2
7	3	6	53	55	9	15	3	19	8	29	43	22
8	10	0	23	15	4	8	32	39	3	23	12	42
9	4	23	52	35	11	2	1	59	10	16	42	2
10	11	17	21	55	5	25	31	19	5	10	11	22
11	6	10	51	15	0	19	0	39	0	3	40	42
12	1	4	20	35	7	12	29	59	6	27	10	2
13	7	27	49	56	2	5	59	20	1	20	39	22
14	2	21	19	16	8	29	28	40	8	14	8	42
15	9	14	48	36	3	22	58	0	3	7	38	2
16	4	8	17	56	10	16	27	20	10	1	7	22
17	11	1	47	16	5	9	56	40	4	24	36	42
18	5	25	16	36	0	3	26	0	11	18	6	2
19	0	18	45	56	6	26	55	20	6	11	35	22
20	7	12	15	16	1	20	24	40	1	5	4	42
21	2	5	44	37	8	13	54	1	7	28	34	3
22	8	29	13	57	3	7	23	21	2	22	3	23
23	3	22	43	17	10	0	52	41	9	15	32	43
24	10	16	12	37	4	24	22	1	4	9	2	3
25	5	9	41	57	11	17	51	21	11	2	31	23
26	0	3	11	17	6	11	20	41	5	26	0	43
27	6	26	40	37	1	4	50	1	0	19	30	4
28	1	20	9	57	7	28	19	21	7	12	59	24
29	8	13	39	18	2	21	48	42	2	6	28	44
30	3	7	8	38	9	15	18	2	8	29	58	4
31	10	0	37	58					3	23	27	25

TABVLA MEDIORVM MOTVVM
primi Satellitis Jovis in horis & minutis.

Horæ	S.	G.	′	″	Min.	G.	′	″	Min.	G.	′	″
1	0	8	28	43	1	0	8	29	31	4	22	50
2	0	16	57	27	2	0	16	57	32	4	31	17
3	0	25	26	10	3	0	25	26	33	4	39	46
4	1	3	54	54	4	0	33	55	34	4	48	16
5	1	12	23	37	5	0	42	24	35	4	56	45
6	1	20	52	20	6	0	50	52	36	5	5	13
7	1	29	21	3	7	0	59	21	37	5	13	42
8	2	7	49	46	8	1	7	50	38	5	22	11
9	2	16	18	30	9	1	16	18	39	5	30	39
10	2	24	47	13	10	1	24	47	40	5	39	9
11	3	3	15	57	11	1	33	16	41	5	47	37
12	3	11	44	40	12	1	41	45	42	5	56	6
13	3	20	13	23	13	1	50	13	43	6	4	35
14	3	28	42	7	14	1	58	42	44	6	13	3
15	4	7	10	50	15	2	7	11	45	6	21	32
16	4	15	39	33	16	2	15	39	46	6	30	0
17	4	24	8	16	17	2	24	8	47	6	38	29
18	5	2	37	0	18	2	32	37	48	6	46	58
19	5	11	5	43	19	2	41	6	49	6	55	27
20	5	19	34	27	20	2	49	34	50	7	3	56
21	5	28	3	10	21	2	58	3	51	7	12	24
22	6	6	31	53	22	3	6	32	52	7	20	53
23	6	15	0	37	23	3	15	0	53	7	29	21
24	6	23	29	20	24	3	23	29	54	7	37	50
25					25	3	31	58	55	7	46	19
26					26	3	40	27	56	7	54	48
27					27	3	48	55	57	8	3	16
28					28	3	57	24	58	8	11	45
29					29	4	5	53	59	8	20	14
30					30	4	14	21	60	8	28	42

TABULA ÆQUATIONIS PRIMI SATELLITIS JOVIS.

Signa distantiæ Jovis à Sole.							
	6	7	8	9	10	11	
G.	′ ″	′ ″	′ ″	G. ′ ″	G. ′ ″	G. ′ ″	G.
0	0 0	8 2	30 0	1 0 0	1 30 0	1 51 58	30
1	0 0	8 34	30 55	1 1 3	1 30 54	1 52 29	29
2	0 2	9 7	31 50	1 2 6	1 31 48	1 52 59	28
3	0 5	9 41	32 44	1 3 8	1 32 41	1 53 28	27
4	0 9	10 15	33 42	1 4 11	1 33 32	1 53 56	26
5	0 14	10 51	34 39	1 5 14	1 34 24	1 54 23	25
6	0 20	11 28	35 36	1 6 16	1 35 16	1 54 49	24
7	0 27	12 5	36 33	1 7 18	1 36 6	1 55 14	23
8	0 35	12 43	37 31	1 8 21	1 36 56	1 55 38	22
9	0 44	13 22	38 30	1 9 23	1 37 45	1 56 1	21
10	0 55	14 2	39 29	1 10 25	1 38 34	1 56 23	20
11	1 6	14 43	40 28	1 11 27	1 39 22	1 56 44	19
12	1 18	15 25	41 27	1 12 28	1 40 9	1 57 4	18
13	1 32	16 7	42 27	1 13 30	1 40 55	1 57 23	17
14	1 47	16 50	43 28	1 14 31	1 41 41	1 57 41	16
15	2 3	17 34	44 28	1 15 32	1 42 26	1 57 57	15
16	2 19	18 19	45 29	1 16 32	1 43 10	1 58 13	14
17	2 37	19 5	46 30	1 17 33	1 43 53	1 58 28	13
18	2 56	19 51	47 32	1 18 33	1 44 35	1 58 42	12
19	3 16	20 38	48 33	1 19 32	1 45 17	1 58 54	11
20	3 37	21 26	49 35	1 20 31	1 45 58	1 59 5	10
21	3 59	22 15	50 37	1 21 30	1 46 38	1 59 16	9
22	4 22	23 4	51 39	1 22 29	1 47 17	1 59 25	8
23	4 46	23 54	52 42	1 23 27	1 47 55	1 59 33	7
24	5 11	24 44	53 44	1 24 24	1 48 32	1 59 40	6
25	5 37	25 36	54 46	1 25 21	1 49 9	1 59 46	5
26	6 4	26 26	55 49	1 26 18	1 49 45	1 59 51	4
27	6 32	27 19	56 52	1 27 14	1 50 19	1 59 55	3
28	7 1	28 12	57 54	1 28 10	1 50 53	1 59 58	2
29	7 31	29 6	58 57	1 29 5	1 51 26	2 0 0	1
30	8 2	30 0	60 0	1 30 0	1 51 58	2 0 0	0
	5	4	3	2	1	0	G

TABULA DISTANTIÆ PRIMI A ♃
in ſemidiametris Jovis.

	Sig. 0	6	1	7	2	8	
G.	Semidiam.	Min.	Semidiam.	Min.	Semidiam.	Min.	G.
0	0	0	2	50	4	54	30
1	0	6	2	55	4	57	29
2	0	12	3	0	5	0	28
3	0	18	3	5	5	3	27
4	0	24	3	10	5	5	26
5	0	30	3	15	5	8	25
6	0	35	3	20	5	11	24
7	0	41	3	24	5	13	23
8	0	47	3	29	5	15	22
9	0	53	3	34	5	17	21
10	0	59	3	38	5	19	20
11	1	5	3	43	5	21	19
12	1	11	3	47	5	23	18
13	1	16	3	51	5	25	17
14	1	22	3	56	5	27	16
15	1	28	4	0	5	28	15
16	1	34	4	4	5	30	14
17	1	39	4	8	5	31	13
18	1	45	4	12	5	33	12
19	1	51	4	16	5	34	11
20	1	56	4	20	5	35	10
21	2	2	4	24	5	36	9
22	2	7	4	28	5	37	8
23	2	13	4	31	5	37	7
24	2	18	4	35	5	38	6
25	2	23	4	38	5	39	5
26	2	29	4	42	5	39	4
27	2	34	4	45	5	40	3
28	2	39	4	48	5	40	2
29	2	45	4	51	5	40	1
30	2	50	4	54	5	40	0
	5	11	4	10	3	9	G.

TABULA LATITUDINIS,

& dimidiæ declinationis.

Dist. à ☊ G.	Latitudo. G. ′ ″	Diffª. ′ ″	Dist. à ☊ G.	Latitudo. G. ′ ″	Diffª. ′ ″	Dist. à ☊ G.	Latitudo. G. ′ ″	Diffª. ′ ″
1	0 1 24	1 24	31	0 41 12	1 11	61	1 9 58	0 40
2	0 2 48	1 23	32	0 42 23	1 11	62	1 10 38	0 39
3	0 4 11	1 23	33	0 43 34	1 10	63	1 11 17	0 37
4	0 5 34	1 24	34	0 44 44	1 8	64	1 11 54	0 36
5	0 6 58	1 24	35	0 45 52	1 9	65	1 12 30	0 35
6	0 8 22	1 23	36	0 47 1	1 8	66	1 13 5	0 33
7	0 9 45	1 23	37	0 48 9	1 6	67	1 13 38	0 33
8	0 11 8	1 23	38	0 49 15	1 5	68	1 14 11	0 31
9	0 12 31	1 24	39	0 50 20	1 5	69	1 14 42	0 29
10	0 13 53	1 23	40	0 51 25	1 4	70	1 15 11	0 28
11	0 15 16	1 22	41	0 52 29	1 2	71	1 15 39	0 26
12	0 16 38	1 22	42	0 53 31	1 2	72	1 16 5	0 25
13	0 18 0	1 21	43	0 54 33	1 2	73	1 16 30	0 24
14	0 19 21	1 22	44	0 55 35	0 59	74	1 16 54	0 22
15	0 20 43	1 20	45	0 56 34	0 59	75	1 17 16	0 21
16	0 22 3	1 21	46	0 57 33	0 57	76	1 17 37	0 21
17	0 23 24	1 19	47	0 58 30	0 57	77	1 17 58	0 18
18	0 24 43	1 20	48	0 59 27	0 56	78	1 18 16	0 16
19	0 26 3	1 19	49	1 0 23	0 54	79	1 18 32	0 15
20	0 27 22	1 18	50	1 1 17	0 53	80	1 18 47	0 14
21	0 28 40	1 18	51	1 2 10	0 52	81	1 19 1	0 12
22	0 29 58	1 18	52	1 3 2	0 51	82	1 19 13	0 11
23	0 31 16	1 16	53	1 3 53	0 50	83	1 19 24	0 10
24	0 32 32	1 16	54	1 4 43	0 49	84	1 19 34	0 8
25	0 33 48	1 16	55	1 5 32	0 48	85	1 19 42	0 6
26	0 35 4	1 15	56	1 6 20	0 46	86	1 19 48	0 6
27	0 36 19	1 14	57	1 7 6	0 45	87	1 19 54	0 3
28	0 37 33	1 13	58	1 7 51	0 44	88	1 19 57	0 3
29	0 38 46	1 14	59	1 8 35	0 42	89	1 20 0	0 0
30	0 40 0		60	1 9 17		90	1 20 0	

TABVLA TEMPORIS RESPONDENTIS GRADIBVS

distantiæ mediæ primi Satellitis Jovis ab Apogæo medio.

G.	Hor.	′	″	‴	G.	Hor.	′	″	‴
1	0	7	4	45	31	3	39	27	16
2	0	14	9	30	32	3	46	32	0
3	0	21	14	16	33	3	53	36	46
4	0	28	19	0	34	4	0	41	32
5	0	35	23	46	35	4	7	46	18
6	0	42	28	32	36	4	14	51	4
7	0	49	33	16	37	4	21	55	50
8	0	56	38	0	38	4	29	0	36
9	1	3	42	46	39	4	36	5	22
10	1	10	47	32	40	4	43	10	8
11	1	17	52	18	41	4	50	14	54
12	1	24	57	4	42	4	57	19	40
13	1	32	1	48	43	5	4	24	26
14	1	39	6	32	44	5	11	29	12
15	1	46	11	16	45	5	18	33	58
16	1	53	16	0	46	5	25	38	44
17	2	0	20	46	47	5	32	43	30
18	2	7	25	32	48	5	39	48	16
19	2	14	30	18	49	5	46	53	0
20	2	21	35	4	50	5	53	57	44
21	2	28	39	50	51	6	1	2	28
22	2	35	44	36	52	6	8	7	12
23	2	42	49	22	53	6	15	11	56
24	2	49	54	8	54	6	22	16	40
25	2	56	58	52	55	6	29	21	24
26	3	4	3	36	56	6	36	26	8
27	3	11	8	20	57	6	43	30	52
28	3	18	13	4	58	6	50	35	36
29	3	25	17	48	59	6	57	40	20
30	3	32	22	32	60	7	4	45	4

TABULA REVOLUTIONUM
primi Satellitis Jovis in annis 100.

	Anni elapsi.	Dies.	Horæ.	'	"	Num. I.	N. II.		N. III.
	1	1	8	40	12	207	207.		207
	2	0	22	51	48	413	187.	6	413
	3	0	13	3	24	619	168.	2	619
B	4	0	21	43	36	826	149.	9	826
	5	0	11	55	12	1032	130.	5	1032
	6	0	2	6	48	1238	111.	1	1238
	7	1	10	47	0	1445	92.	7	1445
B	8	0	0	58	36	1651	73.	4	1651
	9	1	9	38	48	1858	55.	0	1858
	10	0	23	50	24	2064	35.	6	2064
	11	0	14	2	0	2270	16.	2	2270
B	12	0	22	42	12	29	223.	2	2477
	13	0	12	53	48	235	203.	9	2683
	14	0	3	5	24	441	184.	5	2889
	15	1	11	45	36	648	166.	1	3096
B	16	0	1	17	12	854	146.	8	3302
	17	1	10	37	24	1061	128.	4	3509
	18	1	0	49	0	1267	109.	0	3715
	19	0	15	0	36	1473	89.	6	3921
B	20	0	23	40	48	1680	71.	3	4128
	21	0	13	52	24	1886	51.	9	4334
	22	0	4	4	0	2092	32.	5	4540
	23	1	12	44	12	2299	14.	1	4747
B	24	0	2	55	48	57	220.	1	4953
	25	1	11	36	0	264	201.	8	5160
	26	1	1	47	36	470	182.	4	5366
	27	0	15	59	12	676	163.	0	5572
B	28	1	0	39	24	883	144.	7	5779
	29	0	14	51	0	1089	125.	3	5985
	30	0	5	2	36	1295	105.	9	6191
	31	1	13	42	48	1502	87.	5	6398
B	32	0	3	54	24	1708	68.	2	6604
	33	1	12	34	36	1915	49.	8	6811

TABULA REVOLUTIONUM

primi Satellitis Jovis in annis 100.

Anni elapſi.	Dies.	Horæ.	′	″	Num. I.	N. II.	N. III.
34	1	2	46	12	2121	30. 4	7017
35	0	16	57	48	2357	11. 0	7223
B 36	1	1	38	0	86	218. 0	7430
37	0	15	49	36	292	198. 7	7636
38	0	6	1	12	498	179. 3	7842
39	1	14	46	24	705	160. 9	8049
B 40	0	4	53	0	911	141. 6	8255
41	1	13	33	12	1118	123. 2	8462
42	1	3	44	48	1324	103. 8	8668
43	0	17	56	24	1530	84. 4	8874
B 44	1	2	36	36	1737	66. 1	9081
45	0	16	48	12	1943	46. 7	9287
46	0	6	59	48	2149	27. 3	9493
47	1	15	40	0	2356	8. 9	9700
B 48	0	5	51	36	114	214. 9	9906
49	1	14	31	48	321	196. 5	10113
50	1	4	43	24	527	177. 2	10319
51	0	18	55	0	733	157. 8	10525
B 52	1	3	35	12	940	139. 5	10732
53	0	17	46	48	1146	120. 1	10938
54	0	7	58	24	1352	100. 7	11144
55	1	16	48	36	1559	82. 3	11351
B 56	0	6	50	12	1765	62. 9	11557
57	1	15	30	24	1972	44. 5	11764
58	1	5	42	0	2178	25. 1	11970
59	0	19	53	36	2384	5. 7	12176
B 60	1	4	33	48	143	212. 7	12383
61	0	18	45	24	349	193. 3	12589
62	0	8	57	0	555	174. 0	12795
63	1	17	37	12	762	155. 6	13002
B 64	0	7	48	48	968	136. 2	13208
65	1	16	29	0	1175	117. 9	13415
66	1	6	40	36	1381	98. 5	13621

TABULA REVOLUTIONUM

primi Satellitis Jovis in annis 100.

	Anni elapsi.	Dies.	Horæ.	′	″	Num. I.	N. II.	N. III.
	67	0	20	52	12	1587	79. 1	13827
B	68	1	5	32	24	1794	60. 8	14034
	69	0	19	44	0	2000	41. 4	14240
	70	0	9	55	36	2206	22. 0	14446
	71	0	0	7	12	2412	2. 6	14652
B	72	0	8	47	24	171	209. 6	14859
	73	1	17	27	36	378	191. 2	15066
	74	1	7	39	12	584	171. 8	15272
	75	0	21	50	48	790	152. 4	15478
B	76	1	6	31	0	997	134. 1	15685
	77	0	20	42	36	1203	114. 7	15891
	78	0	10	54	12	1409	95. 3	16097
	79	0	1	5	48	1615	75. 9	16303
B	80	0	9	46	0	1822	57. 5	16510
	81	1	18	26	12	2029	39. 1	16717
	82	1	8	37	48	2235	19. 7	16923
	83	0	22	49	24	2441	0. 4	17129
B	84	1	7	29	36	200	207. 4	17336
	85	0	21	41	12	406	188. 1	17542
	86	0	11	52	48	612	168. 7	17748
	87	0	2	4	24	818	149. 4	17954
B	88	0	10	44	36	1025	131. 0	18161
	89	0	0	56	12	1231	111. 6	18367
	90	1	9	36	24	1438	93. 2	18574
	91	0	23	48	0	1644	73. 8	18780
B	92	1	8	28	12	1851	55. 5	18987
	93	0	22	39	48	2057	36. 1	19193
	94	0	12	51	24	2263	16. 7	19399
	95	0	3	3	0	21	222. 7	19605
B	96	0	11	43	12	228	204. 4	19812
	97	0	1	54	48	434	185. 0	20018
	98	0	10	35	0	641	166. 6	20225
	99	0	0	46	36	847	147. 2	20431
B	100	1	9	26	48	1054	128. 8	20638
C	100	0	14	58	12	1053	127. 8	20637

TABULA REVOLUTIONUM

primi Satellitis Jovis in anno.

Januarius. D.	H.	'	''	Num. 1.	Num. 2.	Variatio. Sub. ''
0	0	0	0	0	0. 0	50
1	18	28	36	1	1. 1	49
3	12	57	12	2	2. 1	49
5	7	25	48	3	3. 2	49
7	1	54	24	4	4. 2	48
8	20	23	0	5	5. 3	44
10	14	51	36	6	6. 3	41
12	9	20	12	7	7. 3	38
14	3	48	48	8	8. 4	35
15	22	17	24	9	9. 4	33
17	16	46	0	10	10. 5	31
19	11	14	36	11	11. 5	30
21	5	43	12	12	12. 5	28
23	0	11	48	13	13. 5	26
24	18	40	24	14	14. 6	25
26	13	9	0	15	15. 6	21
28	7	37	36	16	16. 6	18
30	2	6	12	17	17. 7	13
31	20	34	48	18	18. 7	11
Februarius.						
0	20	34	48	18	18. 7	11
2	15	3	24	19	19. 7	10
4	9	32	0	20	20. 7	9
6	4	0	36	21	21. 8	5
7	22	29	12	22	22. 8	2
9	16	57	48	23	23. 8	Ad.
11	11	26	24	24	24. 9	5
13	5	55	0	25	25. 9	

Februarius. D.	H.	'	''	Num. 1.	Num. 2.	Variatio. '' Ad.
13	5	55	0	25	25. 9	
15	0	23	36	26	26. 9	5
16	18	52	12	27	27. 9	8
18	13	20	48	28	29. 0	11
20	7	49	24	29	30. 0	14
22	2	18	0	30	31. 0	15
23	20	46	36	31	32. 0	16
25	15	15	12	32	33. 0	17
27	9	43	48	33	34. 1	18
Martius.						20
1	4	12	24	34	35. 0	21
2	22	41	0	35	36. 1	23
4	17	9	36	36	37. 1	25
6	11	38	12	37	38. 1	27
8	6	6	48	38	39. 1	28
10	0	35	24	39	40. 1	30
11	19	4	0	40	41. 1	32
13	13	32	36	41	42. 1	32
15	8	1	12	42	43. 2	32
17	2	29	48	43	44. 2	32
18	20	58	24	44	45. 2	32
20	15	27	0	45	46. 2	32
22	9	55	36	46	47. 2	33
24	4	24	12	47	48. 2	34
25	22	52	48	48	49. 2	34
27	17	21	24	49	50. 2	34
29	11	50	0	50	51. 2	34
31	6	18	36	51	52. 2	

TABU-

TABULA REVOLUTIONUM
primi Satellitis Jovis in anno.

Aprilis. D. H. ′ ″	Num. 1.	Num. 2.	Variatio. Ad. ″
0 6 18 36	51	52. 2	
2 0 47 12	52	53. 2	33
3 19 15 48	53	54. 2	32
5 13 44 24	54	55. 2	32
7 8 13 0	55	56. 2	32
			32
9 2 41 36	56	57. 2	29
10 21 10 12	57	58. 2	28
12 15 38 48	58	59. 2	28
14 10 7 24	59	60. 2	27
16 4 36 0	60	61. 2	26
17 23 4 36	61	62. 2	24
19 17 33 12	62	63. 2	23
21 12 1 48	63	64. 2	21
23 6 30 24	64	65. 1	20
25 0 59 0	65	66. 1	19
26 19 27 36	66	67. 1	18
28 13 56 12	67	68. 1	17
30 8 24 48	68	69. 1	15
Maius.			
0 8 24 48	68	69. 1	
2 2 53 24	69	70. 1	15
3 21 22 0	70	71. 0	12
5 15 50 36	71	72. 0	11
7 10 19 12	72	73. 0	9
9 4 47 48	73	73. 9	7
10 23 16 24	74	74. 9	5
12 17 45 0	75	75. 9	3
14 12 13 36	76	76. 9	1

Maius. D. H. ′ ″	Num. 1.	Num. 2.	Variatio. Sub. ″
14 12 13 36	76	76. 9	
16 6 42 12	77	77. 8	1
18 1 10 48	78	78. 8	3
19 19 39 24	79	79. 8	4
21 14 8 0	80	80 8	5
			7
23 8 36 36	81	81. 7	9
25 3 5 12	82	82. 7	11
26 21 33 48	83	83. 7	12
28 16 2 24	84	84. 6	14
30 10 31 0	85	85. 6	16
Junius.			
1 4 59 36	86	86. 6	
2 23 28 12	87	87. 6	17
4 17 56 48	88	88. 5	17
6 12 25 24	89	89. 5	18
8 6 54 0	90	90. 5	18
10 1 22 36	91	91. 4	20
11 19 51 12	92	92. 4	21
13 14 19 48	93	93. 3	22
15 8 48 24	94	94. 3	23
17 3 17 0	95	95. 3	23
18 21 45 36	96	96. 2	24
20 16 14 12	97	97. 2	25
22 10 42 48	98	98. 2	25
24 5 11 24	99	99. 1	23
25 23 40 0	100	100. 1	21
27 18 8 36	101	101. 0	20
29 12 37 12	102	102. 0	19

TABULA REVOLUTIONUM
primi Satellitis Jovis in anno.

Julius.	Num. 1.	Num. 2.	Variatio.	Augustus.	Num. 1.	Num. 2.	Variatio.
D. H. ′ ″			Sub. ″	D. H. ′ ″			Ad. ″
1 7 5 48	103	103. 0	19	14 13 0 48	128	127. 2	19
3 1 34 24	104	103. 9	19	16 7 29 24	129	128. 2	21
4 20 3 0	105	104. 9	18	18 1 58 0	130	129. 1	23
6 14 31 36	106	105. 9	17	19 20 26 36	131	130. 1	25
8 9 0 12	107	106. 8	16	21 14 55 12	132	131. 1	27
10 3 28 48	108	107. 8	15	23 9 23 48	133	132. 1	28
11 21 57 24	109	108. 8	13	25 3 52 24	134	133. 0	30
13 16 26 0	110	109. 7	12	26 22 21 0	135	134. 0	30
15 10 54 36	111	110. 7	10	28 16 49 36	136	135. 0	30
17 5 23 12	112	111. 7	9	30 11 18 12	137	136. 0	30
18 23 51 48	113	112. 6	7	September.			
20 18 20 24	114	113. 6	5	1 5 46 48	138	137. 0	31
22 12 49 0	115	114. 6	3	3 0 15 24	139	138. 0	33
24 7 17 36	116	115. 5	1	4 18 44 0	140	138. 9	34
26 1 46 12	117	116. 5	Ad.	6 13 12 36	141	139. 9	35
27 20 14 48	118	117. 5	1	8 7 41 12	142	140. 9	36
29 14 43 24	119	118. 4	2	10 2 9 48	143	141. 9	37
31 9 12 0	120	119. 4		11 20 38 24	144	142. 9	37
Augustus.				13 15 7 0	145	143. 9	38
0 9 12 0	120	119. 4	3	15 9 35 36	146	144. 9	38
2 3 40 36	121	120. 4	7	17 4 4 12	147	145. 9	38
3 22 9 12	122	121. 3	9	18 22 32 48	148	146. 8	38
5 16 37 48	123	122. 3	11	20 17 1 24	149	147. 8	37
7 11 6 24	124	123. 3	12	22 11 30 0	150	148. 8	36
9 5 35 0	125	124. 3	14	24 5 58 36	151	149. 8	35
11 0 3 36	126	125. 2	16	26 0 27 12	152	150. 8	34
12 18 32 12	127	126. 2	18	27 18 55 48	153	151. 8	34
14 13 0 48	128	127. 2		29 13 24 24	154	152. 8	33

TABULA REVOLUTIONUM

primi Satellitis Jovis in anno.

October. D. H. ′ ″	Num. 1.	Num. 2.	Variatio. Ad. ″
1 7 53 0	155	153. 8	
3 2 21 36	156	154. 8	33
4 20 50 12	157	155. 8	32
6 15 18 48	158	156. 8	31
8 9 47 24	159	157. 8	30
10 4 16 0	160	158. 8	28
11 22 44 36	161	159. 8	26
13 17 13 12	162	160. 8	23
15 11 41 48	163	161. 8	21
17 6 10 24	164	162. 8	20
19 0 39 0	165	163. 8	19
20 19 7 36	166	164. 8	17
22 13 36 12	167	165. 8	16
24 8 4 48	168	166. 9	14
26 2 33 24	169	167. 9	11
27 21 2 0	170	168. 9	9
29 15 30 36	171	169. 9	6
31 9 59 12	172	170. 9	3
November.			0
0 9 59 12	172	170. 9	S
2 4 27 48	173	171. 9	0
3 22 56 24	174	173. 0	2
5 17 25 0	175	174. 0	5
7 11 53 36	176	175. 0	7
9 6 22 12	177	176. 0	9
11 0 50 48	178	177. 1	10
12 19 19 24	179	178. 1	13
14 13 48 0	180	179. 1	16
16 8 16 36	181	180. 1	19

November. D. H. ′ ″	Num. 1.	Num. 2.	Variatio. Sub. ″
16 8 16 36	181	180. 1	
18 2 45 12	182	181. 2	21
19 21 13 48	183	182. 2	23
21 15 42 24	184	183. 2	28
23 10 11 0	185	184. 2	30
25 4 39 36	186	185. 3	33
26 23 8 12	187	186. 3	35
28 17 36 48	188	187. 3	36
30 12 5 24	189	188. 3	38
December.			
0 12 5 24	189	188. 3	
2 6 34 0	190	189. 4	40
4 1 2 36	191	190. 4	41
5 19 31 12	192	191. 4	47
7 13 59 48	193	192. 5	47
9 8 28 24	194	193. 5	48
11 2 57 0	195	194. 5	49
12 21 25 36	196	195. 6	50
14 15 54 12	197	196. 6	51
16 10 22 48	198	197. 6	52
18 4 51 24	199	198. 8	53
19 23 20 0	200	199. 8	53
21 17 48 36	201	200. 9	54
23 12 17 12	202	201. 9	54
25 6 45 48	203	203. 0	54
27 1 14 24	204	204. 0	54
28 19 43 0	205	205. 0	53
30 14 11 36	206	206. 0	52
			51

TABULA MEDII MOTUS JOVIS
ab Apogæo in revolutionibus primi Satellis.

Revol.	G.	′	″	Revol.	S.	G.	Revol.	S.	G.
1	0	8	49	34	0	5	1224	6	0
2	0	17	39	68	0	10	1258	6	5
3	0	26	28	102	0	15	1292	6	10
4	0	35	18	136	0	20	1326	6	15
5	0	44	7	170	0	25	1360	6	20
6	0	52	56	204	1	0	1394	6	25
7	1	1	45	238	1	5	1428	7	0
8	1	10	35	272	1	10	1462	7	5
9	1	19	24	306	1	15	1496	7	10
10	1	28	14	340	1	20	1530	7	15
11	1	37	3	374	1	25	1564	7	20
12	1	45	52	408	2	0	1598	7	25
13	1	54	42	442	2	5	1632	8	0
14	2	3	31	476	2	10	1666	8	5
15	2	12	21	510	2	15	1700	8	10
16	2	21	10	544	2	20	1734	8	15
17	2	30	0	578	2	25	1768	8	20
18	2	38	49	612	3	0	1802	8	25
19	2	47	39	646	3	5	1836	9	0
20	2	56	28	680	3	10	1870	9	5
21	3	5	18	714	3	15	1904	9	10
22	3	14	7	748	3	20	1938	9	15
23	3	22	56	782	3	25	1972	9	20
24	3	31	45	816	4	0	2006	9	25
25	3	40	35	850	4	5	2040	10	0
26	3	49	24	884	4	10	2074	10	5
27	3	58	14	918	4	15	2108	10	10
28	4	7	3	952	4	20	2142	10	15
29	4	15	52	986	4	25	2176	10	20
30	4	24	42	1020	5	0	2210	10	25
31	4	33	31	1054	5	5	2244	11	0
32	4	42	21	1088	5	10	2278	11	5
33	4	51	11	1122	5	15	2312	11	10
34	5	0	0	1156	5	20	2346	11	15
				1190	5	25	2380	11	20
				1224	6	0	2474	11	25
							2448	12	0

TABULA PRIMÆ ÆQUATIONIS CONJUNCTIONUM
primi Satellitis Jovis.

Num. 1.	Æquat. ' Ad. "	Num. 2. Sub.		Num. 1.	Æquat. ' Ad. "	Num. 2. Sub.	
0	0 0	0 0	2448	34	3 35	0 3	2414
1	0 6	0 0	2447	35	3 41	0 3	2413
2	0 13	0 0	2446	36	3 47	0 3	2412
3	0 19	0 0	2445	37	3 54	0 3	2411
4	0 25	0 0	2444	38	4 0	0 3	2410
5	0 31	0 0	2443	39	4 6	0 4	2409
6	0 38	0 1	2442	40	4 12	0 4	2408
7	0 44	0 1	2441	41	4 19	0 4	2407
8	0 51	0 1	2440	42	4 25	0 4	2406
9	0 57	0 1	2439	43	4 31	0 4	2405
10.	1 3	0 1	2438	44	4 37	0 4	2404
11	1 10	0 1	2437	45	4 44	0 4	2403
12	1 16	0 1	2436	46	4 50	0 4	2402
13	1 23	0 1	2435	47	4 56	0 4	2401
14	1 29	0 1	2434	48	5 2	0 4	2400
15	1 35	0 1	2433	49	5 9	0 4	2399
16	1 42	0 1	2432	50	5 15	0 5	2398
17	1 48	0 2	2431	51	5 21	0 5	2397
18	1 52	0 2	2430	52	5 27	0 5	2396
19	1 59	0 2	2429	53	5 33	0 5	2395
20	2 5	0 2	2428	54	5 40	0 5	2394
21	2 11	0 2	2427	55	5 46	0 5	2393
22	2 18	0 2	2426	56	5 52	0 5	2392
23	2 24	0 2	2425	57	5 58	0 5	2391
24	2 30	0 2	2424	58	6 4	0 5	2390
25	2 37	0 2	2423	59	6 10	0 5	2389
26	2 43	0 2	2422	60	6 16	0 5	2388
27	2 49	0 2	2421	61	6 22	0 6	2387
28	2 56	0 3	2420	62	6 28	0 6	2386
29	3 2	0 3	2419	63	6 35	0 6	2385
30	3 8	0 3	2418	64	6 42	0 6	2384
31	3 17	0 3	2417	65	6 49	0 6	2383
32	3 23	0 3	2416	66	6 55	0 6	2382
33	3 29	0 3	2415	67	7 1	0 6	2381
34	3 35	0 3	2414	68	7 7	0 6	2380
	Sub.	Ad.	Num. 1.		Sub.	Ad.	Num. 1.

TABULA PRIMÆ ÆQUATIONIS CONJUNCTIONUM
primi Satellitis Jovis.

Num. 1.	Æquat. ' Ad. "	Num. 2. Sub.		Num. 1.	Æquat. ' Ad. "	Num. 2. Sub.	
68	7 7	0 6	2380	102	10 37	0 9	2346
69	7 13	0 6	2379	103	10 43	0 9	2345
70	7 19	0 6	2378	104	10 49	1 0	2344
71	7 25	0 6	2377	105	10 55	1 0	2343
72	7 31	0 7	2376	106	11 1	1 0	2342
73	7 37	0 7	2375	107	11 7	1 0	2341
74	7 43	0 7	2374	108	11 13	1 0	2340
75	7 49	0 7	2373	109	11 19	1 0	2339
76	7 56	0 7	2372	110	11 25	1 0	2338
77	8 2	0 7	2371	111	11 31	1 0	2337
78	8 8	0 7	2370	112	11 37	1 0	2336
79	8 14	0 7	2369	113	11 43	1 0	2335
80	8 20	0 7	2368	114	11 49	1 0	2334
81	8 26	0 7	2367	115	11 55	1 1	2333
82	8 33	0 7	2366	116	12 1	1 1	2332
83	8 39	0 8	2365	117	12 7	1 1	2331
84	8 45	0 8	2364	118	12 13	1 1	2330
85	8 51	0 8	2363	119	12 19	1 1	2329
86	8 58	0 8	2362	120	12 25	1 1	2328
87	9 4	0 8	2361	121	12 31	1 1	2327
88	9 11	0 8	2360	122	12 37	1 1	2326
89	9 17	0 8	2359	123	12 43	1 1	2325
90	9 23	0 8	2358	124	12 49	1 1	2324
91	9 29	0 8	2357	125	12 55	1 1	2323
92	9 35	0 8	2356	126	13 1	1 2	2322
93	9 42	0 9	2355	127	13 7	1 2	2321
94	9 48	0 9	2354	128	13 13	1 2	2320
95	9 54	0 9	2353	129	13 19	1 2	2319
96	10 0	0 9	2352	130	13 25	1 2	2318
97	10 6	0 9	2351	131	13 31	1 2	2317
98	10 12	0 9	2350	132	13 37	1 2	2316
99	10 18	0 9	2349	133	13 43	1 2	2315
100	10 25	0 9	2348	134	13 49	1 2	2314
101	10 31	0 9	2347	135	13 55	1 2	2313
102	10 37	0 9	2346	136	14 1	1 2	2312
	Sub.	Ad.	Num. 1.		Sub.	Ad.	Num. 1.

TABULA PRIMÆ ÆQUATIONIS CONJUNCTIONUM
primi Satellitis Jovis.

Num. 1.	Æquat. ′ Ad.	″	Num. 2. Sub.		
136	14	1	1	2	2312
137	14	7	1	2	2311
138	14	13	1	3	2310
139	14	19	1	3	2309
140	14	25	1	3	2308
141	14	31	1	3	2307
142	14	36	1	3	2306
143	14	42	1	3	2305
144	14	48	1	3	2304
145	14	53	1	3	2303
146	14	59	1	3	2302
147	15	5	1	3	2301
148	15	10	1	3	2300
149	15	16	1	3	2299
150	15	22	1	4	2298
151	15	28	1	4	2297
152	15	34	1	4	2296
153	15	39	1	4	2295
154	15	45	1	4	2294
155	15	51	1	4	2293
156	15	56	1	4	2292
157	16	2	1	4	2291
158	16	7	1	4	2290
159	16	13	1	4	2289
160	16	18	1	4	2288
161	16	24	1	4	2287
162	16	30	1	5	2286
163	16	36	1	5	2285
164	16	42	1	5	2284
165	16	48	1	5	2283
166	16	53	1	5	2282
167	16	59	1	5	2281
168	17	5	1	5	2280
169	17	11	1	5	2279
170	17	17	1	5	2278
	Sub.		Ad.		Num. 1.

Num. 1.	Æquat. ′ Ad.	″	Num. 2. Sub.		
170	17	17	1	5	2278
171	17	22	1	5	2277
172	17	28	1	5	2276
173	17	33	1	5	2275
174	17	39	1	6	2274
175	17	44	1	6	2273
176	17	50	1	6	2272
177	17	55	1	6	2271
178	18	1	1	6	2270
179	18	6	1	6	2269
180	18	11	1	6	2268
181	18	17	1	6	2267
182	18	22	1	6	2266
183	18	28	1	6	2265
184	18	33	1	6	2264
185	18	49	1	7	2263
186	18	46	1	7	2262
187	18	52	1	7	2261
188	18	58	1	7	2260
189	19	3	1	7	2259
190	19	9	1	7	2258
191	19	16	1	7	2257
192	19	21	1	7	2256
193	19	26	1	7	2255
194	19	32	1	7	2254
195	19	38	1	7	2253
196	19	43	1	7	2252
197	19	49	1	8	2251
198	19	55	1	8	2250
199	20	0	1	8	2249
200	20	5	1	8	2248
201	20	10	1	8	2247
202	20	15	1	8	2246
203	20	20	1	8	2245
204	20	25	1	8	2244
	Sub.		Ad.		Num. 1.

TABULA PRIMÆ ÆQUATIONIS CONJUNCTIONUM
primi Satellitis Jovis.

Num. 1.	Æquat. ' Ad. "	Num. 2. Sub.		Num. 1.	Æquat. ' Ad. "	Num. 2. Sub.	
204	20 25	1 8	2244	238	23 22	2 1	2210
205	20 30	1 8	2243	239	23 27	2 1	2209
206	20 35	1 8	2242	240	23 32	2 1	2208
207	20 40	1 8	2241	241	23 37	2 1	2207
208	20 46	1 8	2240	242	23 42	2 1	2206
209	20 51	1 8	2239	243	23 47	2 1	2205
210	20 56	1 9	2238	244	23 51	2 1	2204
211	21 1	1 9	2237	245	23 56	2 1	2203
212	21 6	1 9	2236	246	24 0	2 1	2202
213	21 12	1 9	2235	247	24 5	2 1	2201
214	21 17	1 9	2234	248	24 10	2 1	2200
215	21 22	1 9	2233	249	24 15	2 1	2199
216	21 27	1 9	2232	250	24 20	2 1	2198
217	21 33	1 9	2231	251	24 25	2 2	2197
218	21 38	1 9	2230	252	24 30	2 2	2196
219	21 43	1 9	2229	253	24 35	2 2	2195
220	21 49	1 9	2228	254	24 39	2 2	2194
221	21 54	1 9	2227	255	24 44	2 2	2193
222	21 59	1 9	2226	256	24 48	2 2	2192
223	22 5	2 0	2225	257	24 53	2 2	2191
224	22 10	2 0	2224	258	24 58	2 2	2190
225	22 15	2 0	2223	259	25 3	2 2	2189
226	22 20	2 0	2222	260	25 7	2 2	2188
227	22 26	2 0	2221	261	25 12	2 2	2187
228	22 31	2 0	2220	262	25 17	2 2	2186
229	22 36	2 0	2219	263	25 22	2 2	2185
230	22 41	2 0	2218	264	25 27	2 2	2184
231	22 46	2 0	2217	265	25 32	2 3	2183
232	22 51	2 0	2216	266	25 37	2 3	2182
233	22 56	2 0	2215	267	25 42	2 3	2181
234	23 2	2 0	2214	268	25 47	2 3	2180
235	23 7	2 0	2213	269	25 52	2 3	2179
236	23 12	2 1	2212	270	25 57	2 3	2178
237	23 17	2 1	2211	271	26 2	2 3	2177
238	23 22	2 1	2210	272	26 6	2 3	2176
	Sub.	Ad.	Num. 1.		Sub.	Ad.	Num. 1.

TABULA PRIMÆ ÆQUATIONIS CONJUNCTIONUM primi Satellitis Jovis.

Num. 1.	Æquat. ' Ad.	''	Num. 2. Sub.			Num. 1.	Æquat. ' Ad.	''	Num. 2. Sub.		
272	26	6	2	3	2176	306	28	37	2	5	2142
273	26	11	2	3	2175	307	28	41	2	5	2141
274	26	15	2	3	2174	308	28	45	2	5	2140
275	26	20	2	3	2173	309	28	49	2	5	2139
276	26	25	2	3	2172	310	28	54	2	5	2138
277	26	29	2	3	2171	311	28	58	2	6	2137
278	26	34	2	3	2170	312	29	2	2	6	2136
279	26	39	2	4	2169	313	29	6	2	6	2135
280	26	43	2	4	2168	314	29	11	2	6	2134
281	26	48	2	4	2167	315	29	15	2	6	2133
282	26	53	2	4	2166	316	29	19	2	6	2132
283	26	58	2	4	2165	317	29	23	2	6	2131
284	27	2	2	4	2164	318	29	27	2	6	2130
285	27	6	2	4	2163	319	29	30	2	6	2129
286	27	10	2	4	2162	320	29	35	2	6	2128
287	27	14	2	4	2161	321	29	40	2	6	2127
288	27	18	2	4	2160	322	29	44	2	6	2126
289	27	22	2	4	2159	323	29	48	2	6	2125
290	27	27	2	4	2158	324	29	51	2	6	2124
291	27	31	2	4	2157	325	29	54	2	6	2123
292	27	35	2	4	2156	326	29	57	2	6	2122
293	27	40	2	4	2155	327	30	1	2	7	2121
294	27	44	2	4	2154	328	30	5	2	7	2120
295	27	48	2	5	2153	329	30	8	2	7	2119
296	27	52	2	5	2152	330	30	11	2	7	2118
297	27	56	2	5	2151	331	30	15	2	7	2117
298	28	1	2	5	2150	332	30	18	2	7	2116
299	28	5	2	5	2149	333	30	21	2	7	2115
300	28	9	2	5	2148	334	30	25	2	7	2114
301	28	14	2	5	2147	335	30	29	2	7	2113
302	28	18	2	5	2146	336	30	33	2	7	2112
303	28	23	2	5	2145	337	30	36	2	7	2111
304	28	27	2	5	2144	338	30	39	2	7	2110
305	28	32	2	5	2143	339	30	42	2	7	2109
306	28	37	2	5	2142	340	30	45	2	7	2108
	Sub.		Ad.		Num. 1.		Sub.		Ad.		Num. 1.

TABVLA PRIMÆ ÆQVATIONIS CONJVNCTIONVM
primi Satellitis Jovis.

Num. 1.	Æquat. Ad. '	"	Num. 2. Sub. '	"		Num. 1.	Æquat. Ad. '	"	Num. 2. Sub. '	"	
340	30	45	2	7	2108	374	32	55	2	9	2074
341	30	49	2	7	2107	375	32	58	2	9	2073
342	30	53	2	7	2106	376	33	2	2	9	2072
343	30	57	2	7	2105	377	33	5	2	9	2071
344	31	2	2	7	2104	378	33	8	2	9	2070
345	31	6	2	8	2103	379	33	12	2	9	2069
346	31	10	2	8	2102	380	33	15	2	9	2068
347	31	14	2	8	2101	381	33	18	2	9	2067
348	31	19	2	8	2100	382	33	22	3	0	2066
349	31	23	2	8	2099	383	33	25	3	0	2065
350	31	28	2	8	2098	384	33	28	3	0	2064
351	31	32	2	8	2097	385	33	31	3	0	2063
352	31	36	2	8	2096	386	33	34	3	0	2062
353	31	40	2	8	2095	387	33	38	3	0	2061
354	31	45	2	8	2094	388	33	41	3	0	2060
355	31	49	2	8	2093	389	33	45	3	0	2059
356	31	53	2	8	2092	390	33	49	3	0	2058
357	31	57	2	8	2091	391	33	53	3	0	2057
358	32	1	2	8	2090	392	33	56	3	0	2056
359	32	6	2	8	2089	393	33	59	3	0	2055
360	32	10	2	8	2088	394	34	2	3	0	2054
361	32	14	2	8	2087	395	34	5	3	0	2053
362	32	18	2	8	2086	396	34	8	3	0	2052
363	32	22	2	9	2085	397	34	11	3	0	2051
364	32	25	2	9	2084	398	34	14	3	0	2050
365	32	28	2	9	2083	399	34	17	3	0	2049
366	32	32	2	9	2082	400	34	20	3	0	2048
367	32	35	2	9	2081	401	34	23	3	0	2047
368	32	38	2	9	2080	402	34	26	3	0	2046
369	32	41	2	9	2079	403	34	29	3	0	2045
370	32	44	2	9	2078	404	34	32	3	1	2044
371	32	47	2	9	2077	405	34	35	3	1	2043
372	32	50	2	9	2076	406	34	38	3	1	2042
373	32	53	2	9	2075	407	34	42	3	1	2041
374	32	55	2	9	2074	408	34	45	3	1	2040
	Sub.		Ad.		Num. 1.		Sub.		Ad.		Num. 1.

TABULA PRIMÆ ÆQUATIONIS CONJUNCTIONUM
primi Satellitis Jovis.

Num. 1.	Æquat. ' Ad. "	Num. 2. Sub.		Num. 1.	Æquat. ' Ad. "	Num. 2. Sub.	
408	34 45	3 1	2040	442	36 8	3 2	2006
409	34 48	3 1	2039	443	36 10	3 2	2005
410	34 51	3 1	2038	444	36 13	3 2	2004
411	34 54	3 1	2037	445	36 15	3 2	2003
412	34 57	3 1	2036	446	36 17	3 2	2002
413	35 0	3 1	2035	447	36 19	3 2	2001
414	35 3	3 1	2034	448	36 21	3 2	2000
415	35 6	3 1	3033	449	36 24	3 2	1999
416	35 9	3 1	2032	450	36 26	3 2	1998
417	35 12	3 1	2031	451	36 28	3 2	1997
418	35 15	3 1	2030	452	36 30	3 2	1996
419	35 18	3 1	2029	453	36 32	3 2	1995
420	35 21	3 1	2028	454	36 35	3 2	1994
421	35 24	3 1	2027	455	36 37	3 2	1993
422	35 27	3 1	2026	456	36 39	3 2	1992
423	35 30	3 1	2025	457	36 41	3 2	1991
424	35 33	3 1	2024	458	36 43	3 2	1990
425	35 35	3 1	2023	459	36 45	3 2	1989
426	35 37	3 1	2022	460	36 47	3 3	1988
427	35 40	3 1	2021	461	36 49	3 3	1987
428	35 43	3 1	2020	462	36 51	3 3	1986
429	35 45	3 1	2019	463	36 53	3 3	1985
430	35 47	3 2	2018	464	36 55	3 3	1984
431	35 49	3 2	2017	465	36 57	3 3	1983
432	35 51	3 2	2016	466	36 59	3 3	1982
433	35 53	3 2	2015	467	37 2	3 3	1981
434	35 55	3 2	2014	468	37 4	3 3	1980
435	35 57	3 2	2013	469	37 6	3 3	1979
436	35 59	3 2	2012	470	37 8	3 3	1978
437	36 1	3 2	2011	471	37 10	3 3	1977
438	36 3	3 2	2010	472	37 12	3 3	1976
439	36 5	3 2	2009	473	37 14	3 3	1975
440	36 6	3 2	2008	474	37 16	3 3	1974
441	36 7	3 2	2007	475	37 19	3 3	1973
442	36 8	3 2	2006	476	37 21	3 3	1972
	Sub.	Ad.	Num. 1.		Sub.	Ad.	Num. 1.

TABULA PRIMÆ ÆQUATIONIS CONJUNCTIONUM

primi Satellitis Jovis.

Num. 1.	Æquat. ′ Ad. ″	Num. 2. Sub.		Num. 1.	Æquat. ′ Ad. ″	Num. 2. Sub.	
476	37 21	3 3	1972	510	38 16	3 4	1938
477	37 23	3 3	1971	511	38 17	3 4	1937
478	37 25	3 3	1970	512	38 19	3 4	1936
479	37 27	3 3	1969	513	38 20	3 4	1935
480	37 29	3 3	1968	514	38 22	3 4	1934
481	37 30	3 3	1967	515	38 24	3 4	1933
482	37 32	3 3	1966	516	38 25	3 4	1932
483	37 34	3 3	1965	517	38 26	3 4	1931
484	37 35	3 3	1964	518	38 27	3 4	1930
485	37 36	3 3	1963	519	38 28	3 4	1929
486	37 37	3 3	1962	520	38 29	3 4	1928
487	37 39	3 3	1961	521	38 30	3 4	1927
488	37 41	3 3	1960	522	38 31	3 4	1926
489	37 42	3 3	1959	523	38 32	3 4	1925
490	37 44	3 3	1958	524	38 33	3 4	1924
491	37 46	3 3	1957	525	38 34	3 4	1923
492	37 47	3 3	1956	526	38 35	3 4	1922
493	37 49	3 3	1955	527	38 36	3 4	1921
494	37 51	3 3	1954	528	38 37	3 4	1920
495	37 52	3 3	1953	529	38 38	3 4	1919
496	37 53	3 3	1952	530	38 39	3 4	1918
497	37 54	3 4	1951	531	38 40	3 4	1917
498	37 56	3 4	1950	532	38 41	3 4	1916
499	37 57	3 4	1949	533	38 42	3 4	1915
500	37 59	3 4	1948	534	38 43	3 4	1914
501	38 1	3 4	1947	535	38 44	3 4	1913
502	38 3	3 4	1946	536	38 45	3 4	1912
503	38 5	3 4	1945	537	38 46	3 4	1911
504	38 7	3 4	1944	538	38 47	3 4	1910
505	38 9	3 4	1943	539	38 48	3 4	1909
506	38 11	3 4	1942	540	38 49	3 4	1908
507	38 13	3 4	1941	541	38 50	3 4	1907
508	38 14	3 4	1940	542	38 51	3 4	1906
509	38 15	3 4	1939	543	38 52	3 4	1905
510	38 16	3 4	1938	544	38 53	3 4	1904
	Sub.	Ad.	Num. 1.		Sub.	Ad.	Num. 1.

TABU-

TABULA PRIMÆ ÆQUATIONIS CONJUNCTIONUM

primi Satellitis Jovis.

Num. 1.	Æquat. 'Ad. "	Num. 2. Sub.		Num. 1.	Æquat. 'Ad. "	Num. 2. Sub.	
544	38 53	3 4	1904	578	39 6	3 5	1870
545	38 53	3 4	1903	579	39 6	3 5	1869
546	38 54	3 4	1902	580	39 6	3 5	1868
547	38 54	3 4	1901	581	39 6	3 5	1867
548	38 55	3 4	1900	582	39 7	3 5	1866
549	38 55	3 4	1899	583	39 7	3 5	1865
550	38 55	3 4	1898	584	39 7	3 5	1864
551	38 56	3 4	1897	585	39 7	3 5	1863
552	38 56	3 4	1896	586	39 7	3 5	1862
553	38 57	3 4	1895	587	39 7	3 5	1861
554	38 57	3 4	1894	588	39 7	3 5	1860
555	38 58	3 4	1893	589	39 8	3 5	1859
556	38 58	3 4	1892	590	39 8	3 5	1858
557	38 58	3 4	1891	591	39 8	3 5	1857
558	38 59	3 4	1890	592	39 8	3 5	1856
559	38 59	3 4	1889	593	39 8	3 5	1855
560	38 59	3 4	1888	594	39 8	3 5	1854
561	39 0	3 4	1887	595	39 8	3 5	1853
562	39 0	3 4	1886	596	39 8	3 5	1852
563	39 1	3 4	1885	597	39 8	3 5	1851
564	39 1	3 4	1884	598	39 8	3 5	1850
565	39 1	3 4	1883	599	39 8	3 5	1849
566	39 2	3 5	1882	600	39 7	3 5	1848
567	39 2	3 5	1881	601	39 7	3 5	1847
568	39 2	3 5	1880	602	39 7	3 5	1846
569	39 3	3 5	1879	603	39 7	3 5	1845
570	39 3	3 5	1878	604	39 7	3 5	1844
571	39 3	3 5	1877	605	39 6	3 5	1843
572	39 4	3 5	1876	606	39 6	3 5	1842
573	39 4	3 5	1875	607	39 6	3 5	1841
574	39 4	3 5	1874	608	39 6	3 5	1840
575	39 5	3 5	1873	609	39 5	3 5	1839
576	39 5	3 5	1872	610	39 5	3 5	1838
577	39 5	3 5	1871	611	39 5	3 5	1837
578	39 6	3 5	1870	612	39 5	3 5	1836
	Sub	Ad.	Num. 1.		Sub.	Ad.	Num. 1.

TABULA PRIMÆ ÆQUATIONIS CONJUNCTIONUM

primi Satellitis Jovis.

Num. 1.	Æquat. ′ Ad.	″	Num. 2. Sub.			Num. 1.	Æquat. ′ Ad.	″	Num. 2. Sub.		
612	39	5	3	5	1836	646	38	47	3	4	1802
613	39	5	3	5	1835	647	38	47	3	4	1801
614	39	5	3	5	1834	648	38	46	3	4	1800
615	39	4	3	5	1833	649	38	45	3	4	1799
616	39	4	3	5	1832	650	38	44	3	4	1798
617	39	4	3	5	1831	651	38	43	3	4	1797
618	39	3	3	5	1830	652	38	42	3	4	1796
619	39	3	3	5	1829	653	38	41	3	4	1795
620	39	3	3	5	1828	654	38	40	3	4	1794
621	39	2	3	5	1827	655	38	39	3	4	1793
622	39	2	3	5	1826	656	38	38	3	4	179[illegible]
623	39	1	3	4	1825	657	38	37	3	4	1791
624	39	1	3	4	1824	658	38	36	3	4	1790
625	39	0	3	4	1823	659	38	35	3	4	1789
626	39	0	3	4	1822	660	38	34	3	4	1788
627	38	59	3	4	1821	661	38	33	3	4	1787
628	38	59	3	4	1820	662	38	32	3	4	1786
629	38	58	3	4	1819	663	38	31	3	4	1785
630	38	58	3	4	1818	664	38	30	3	4	1784
631	38	57	3	4	1817	665	38	29	3	4	1783
632	38	57	3	4	1816	666	38	28	3	4	1782
633	38	56	3	4	1815	667	38	27	3	4	1781
634	38	56	3	4	1814	668	38	26	3	4	1780
635	38	55	3	4	1813	669	38	25	3	4	1779
636	38	54	3	4	1812	670	38	24	3	4	1778
637	38	54	3	4	1811	671	38	23	3	4	1777
638	38	52	3	4	1810	672	38	21	3	4	1776
639	38	52	3	4	1809	673	38	20	3	4	1775
640	38	51	3	4	1808	674	38	18	3	4	1774
641	38	50	3	4	1807	675	38	17	3	4	1773
642	38	50	3	4	1806	676	38	16	3	4	1772
643	38	50	3	4	1805	677	38	14	3	4	1771
644	38	49	3	4	1804	678	38	13	3	4	1770
645	38	48	3	4	1803	679	38	12	3	4	1769
646	38	47	3	4	1802	680	38	10	3	4	1768
	Sub.		Ad.		Num. 1.		Sub.		Ad.		Num. 1.

TABULA PRIMÆ ÆQUATIONIS CONJUNCTIONUM primi Satellitis Jovis.

Num. 1.	Æquat. ' Ad. "	Num. 2. Sub.		Num. 1.	Æquat. ' Ad. "	Num. 2. Sub.	
680	38 10	3 4	1768	714	37 17	3 3	1734
681	38 9	3 4	1767	715	37 15	3 3	1733
682	38 8	3 4	1766	716	37 13	3 3	1732
683	38 7	3 4	1765	717	37 11	3 3	1731
684	38 6	3 4	1764	718	37 9	3 3	1730
6 5	38 5	3 4	1763	719	37 7	3 3	1729
686	38 3	3 4	1762	720	37 5	3 3	1728
687	38 1	3 4	1761	721	37 3	3 3	1727
688	37 59	3 4	1760	722	37 1	3 3	1726
689	37 57	3 4	1759	723	36 59	3 3	1725
690	37 56	3 4	1758	724	36 57	3 3	1724
691	37 55	3 4	1757	725	36 55	3 3	1723
692	37 54	3 3	1756	726	36 53	3 3	1722
693	37 52	3 3	1755	727	36 51	3 3	1721
694	37 50	3 3	1754	728	36 49	3 3	1720
695	37 49	3 3	1753	729	36 47	3 2	1719
696	37 48	3 3	1752	730	36 45	3 2	1718
697	37 46	3 3	1751	731	36 43	3 2	1717
698	37 44	3 3	1750	732	36 41	3 2	1716
699	37 42	3 3	1749	733	36 39	3 2	1715
700	37 40	3 3	1748	734	36 37	3 2	1714
701	37 39	3 3	1747	735	36 35	3 2	1713
702	37 37	3 3	1746	736	36 33	3 2	1712
703	37 35	3 3	1745	737	36 31	3 2	1711
704	37 34	3 3	1744	738	36 29	3 2	1710
705	37 32	3 3	1743	739	36 27	3 2	1709
706	37 31	3 3	1742	740	36 25	3 2	1708
707	37 29	3 3	1741	741	36 23	3 2	1707
708	37 27	3 3	1740	742	36 21	3 2	1706
709	37 26	3 3	1739	743	36 19	3 2	1705
710	37 24	3 3	1738	744	36 17	3 2	1704
711	37 22	3 3	1737	745	36 15	3 2	1703
712	37 21	3 3	1736	746	36 13	3 2	1702
713	37 19	3 3	1735	747	36 11	3 2	1701
714	37 17	3 3	1734	748	36 8	3 2	1700
	Sub.	Ad.	Num. 1.		Sub.	Ad.	Num. 1.

TABULA PRIMÆ ÆQUATIONIS CONJUNCTIONUM

primi Satellitis Jovis.

Num. 1.	Æquat. 'Ad."		Num. 2. Sub.			Num. 1.	Æquat. 'Ad."		Num. 2. Sub.		
748	36	8	3	2	1700	782	34	43	3	1	1666
749	36	6	3	2	1699	783	34	40	3	1	1665
750	36	4	3	2	1698	784	34	37	3	1	1664
751	36	2	3	2	1697	785	34	34	3	1	1663
752	35	59	3	2	1696	786	34	31	3	1	1662
753	35	56	3	2	1695	787	34	28	3	0	1661
754	35	54	3	2	1694	788	34	25	3	0	1660
755	35	52	3	2	1693	789	34	23	3	0	1659
756	35	49	3	2	1692	790	34	19	3	0	1658
757	35	47	3	1	1691	791	34	16	3	0	1657
758	35	45	3	1	1690	792	34	13	3	0	1656
759	35	42	3	1	1689	793	34	10	3	0	1655
760	35	40	3	1	1688	794	34	7	3	0	1654
761	35	38	3	1	1687	795	34	4	3	0	1653
762	35	35	3	1	1686	796	34	1	3	0	1652
763	35	33	3	1	1685	797	33	58	3	0	1651
764	35	31	3	1	1684	798	33	55	3	0	1650
765	35	28	3	1	1683	799	33	52	3	0	1649
766	35	25	3	1	1682	800	33	49	3	0	1648
767	35	23	3	1	1681	801	33	46	3	0	1647
768	35	20	3	1	1680	802	33	43	3	0	1646
769	35	17	3	1	1679	803	33	40	3	0	1645
770	35	15	3	1	1678	804	33	37	3	0	1644
771	35	12	3	1	1677	805	33	35	3	0	1643
772	35	9	3	1	1676	806	33	32	3	0	1642
773	35	7	3	1	1675	807	33	30	3	0	1641
774	35	5	3	1	1674	808	33	27	3	0	1640
775	35	2	3	1	1673	809	33	24	3	0	1639
776	34	59	3	1	1672	810	33	21	3	0	1638
777	34	57	3	1	1671	811	33	18	2	9	1637
778	34	54	3	1	1670	812	33	15	2	9	1636
779	34	51	3	1	1669	813	33	13	2	9	1635
780	34	49	3	1	1668	814	33	10	2	9	1634
781	34	46	3	1	1667	815	33	7	2	9	1633
782	34	43	3	1	1666	816	33	4	2	9	1632
	Sub.		Ad.		Num. 1.		Sub.		Ad.		Num. 1.

TABU-

TABULA PRIMÆ ÆQUATIONIS CONJUNCTIONUM
primi Satellitis Jovis.

Num. 1.	Æquat. ′Ad. ″	Num. 2. Sub.		Num. 1.	Æquat. ′Ad. ″	Num. 2. Sub.	
816	33 4	2 9	1632	850	31 10	2 8	1598
817	33 0	2 9	1631	851	31 6	2 7	1597
818	32 57	2 9	1630	852	31 2	2 7	1596
819	32 53	2 9	1629	853	30 58	2 7	1595
820	32 50	2 9	1628	854	30 54	2 7	1594
821	32 47	2 9	1627	855	30 51	2 7	1593
822	32 44	2 9	1626	856	30 47	2 7	1592
823	32 40	2 9	1625	857	30 43	2 7	1591
824	32 37	2 9	1624	858	30 40	2 7	1590
825	32 34	2 9	1623	859	30 36	2 7	1589
826	32 30	2 9	1622	860	30 32	2 7	1588
827	32 27	2 9	1621	861	30 29	2 7	1587
828	32 24	2 9	1620	862	30 25	2 7	1586
829	32 20	2 9	1619	863	30 21	2 7	1585
830	32 17	2 8	1618	864	30 18	2 7	1584
831	32 14	2 8	1617	865	30 14	2 7	1583
832	32 10	2 8	1616	866	30 10	2 7	1582
833	32 7	2 8	1615	867	30 7	2 7	1581
834	32 4	2 8	1614	868	30 3	2 7	1580
835	32 0	2 8	1613	869	29 59	2 6	1579
836	31 57	2 8	1612	870	29 56	2 6	1578
837	31 54	2 8	1611	871	29 52	2 6	1577
838	31 50	2 8	1610	872	29 48	2 6	1576
839	31 47	2 8	1609	873	29 45	2 6	1575
840	31 44	2 8	1608	874	29 41	2 6	1574
841	31 40	2 8	1607	875	29 37	2 6	1573
842	31 37	2 8	1606	876	29 34	2 6	1572
843	31 34	2 8	1605	877	29 30	2 6	1571
844	31 30	8 8	1604	878	29 26	2 6	1570
845	31 27	2 8	1603	879	22 23	2 6	1569
846	31 24	2 8	1602	880	29 19	2 6	1568
847	31 20	2 8	1601	881	29 15	2 6	1567
848	31 17	2 8	1600	882	29 12	2 6	1566
849	31 14	2 8	1599	883	29 8	2 6	1565
850	31 10	2 8	1598	884	29 4	2 6	1564
	Sub.	Ad.	Num. 1.		Sub.	Ad.	Num. 1.

TABULA PRIMÆ ÆQUATIONIS CONJUNCTIONUM

primi Satellitis Jovis.

Num. 1.	Æquat. ' Ad. "	Num. 2. Sub.		Num. 1.	Æquat. ' Ad. "	Num. 2. Sub.	
884	29 4	2 6	1564	918	26 46	2 4	1530
885	29 0	2 6	1563	919	26 42	2 4	1529
886	28 56	2 5	1562	920	26 37	2 4	1528
887	28 52	2 5	1561	921	26 33	2 3	1527
888	28 48	2 5	1560	922	26 28	2 3	1526
889	28 44	2 5	1559	923	26 24	2 3	1525
890	28 40	2 5	1558	924	26 20	2 3	1524
891	28 36	2 5	1557	925	26 15	2 3	1523
892	28 32	2 5	1556	926	26 11	2 3	1522
893	28 28	2 5	1555	927	26 6	2 3	1521
894	28 24	2 5	1554	928	26 2	2 3	1520
895	28 20	2 5	1553	929	25 57	2 3	1519
896	28 16	2 5	1552	930	25 53	2 3	1518
897	28 11	2 5	1551	931	25 48	2 3	1517
898	28 7	2 5	1550	932	25 44	2 3	1516
899	28 4	2 5	1549	933	25 39	2 3	1515
900	27 59	2 5	1548	934	25 35	2 3	1514
901	27 55	2 5	1547	935	25 30	2 3	1513
902	27 51	2 5	2546	936	25 26	2 2	1512
903	27 47	2 5	1545	937	25 21	2 2	1511
904	27 43	2 4	1544	938	25 17	2 2	1510
905	27 39	2 4	1543	939	25 12	2 2	1509
906	27 35	2 4	1542	940	25 8	2 2	1508
907	27 31	2 4	1541	941	25 3	2 2	1507
908	27 27	2 4	1540	942	24 59	2 2	1506
909	27 23	2 4	1539	943	24 55	2 2	1505
910	27 19	2 4	1538	944	24 56	2 2	1504
911	27 15	2 4	1537	945	24 46	2 2	1503
912	27 10	2 4	1536	946	24 41	2 2	1502
913	27 6	2 4	1535	947	24 37	2 2	1501
914	27 2	2 4	1534	948	24 32	2 2	1500
915	26 58	2 4	1533	949	24 27	2 2	1499
916	26 54	2 4	1532	950	24 23	2 2	1498
917	26 50	2 4	1531	951	24 19	2 1	1497
918	26 46	2 4	1530	952	24 14	2 1	1496
	Sub.	Ad.	Num. 1.		Sub.	Ad.	Num. 1.

TABULA PRIMÆ ÆQUATIONIS CONJUNCTIONUM

primi Satellitis Jovis.

Num. 1.	Æquat. ' Ad.	"	Num. 2. Sub.			Num. 1.	Æquat. ' Ad.	"	Num. 2. Sub.		
952	24	14	2	1	1496	986	21	34	1	9	1462
953	24	10	2	1	1495	987	21	30	1	9	1461
254	24	6	2	1	1494	988	21	25	1	9	1460
955	24	1	2	1	1493	989	21	20	1	9	1459
956	23	57	2	1	1492	990	21	15	1	9	1458
957	23	52	2	1	1491	991	21	10	1	9	1457
958	23	47	2	1	1490	992	21	5	1	9	1456
959	23	42	2	1	1489	993	21	0	1	9	1455
960	23	37	2	1	1488	994	20	56	1	9	1454
961	23	33	2	1	1487	995	20	51	1	8	1453
962	23	28	2	1	1486	996	20	46	1	8	1452
963	23	23	2	1	1485	997	20	41	1	8	1451
964	23	18	2	1	1484	998	20	36	1	8	1450
965	23	14	2	1	1483	999	20	31	1	8	1449
966	23	9	2	0	1482	1000	20	26	1	8	1448
967	23	5	2	0	1481	1001	20	21	1	8	1447
968	23	[illegible]	2	0	1480	1002	20	16	1	8	1446
969	22	[illegible]	2	0	1479	1003	20	11	1	8	1445
970	22	50	2	0	1478	1004	20	6	1	8	1444
971	22	46	2	0	1477	1005	20	2	1	8	1443
972	22	41	2	0	1476	1006	19	57	1	8	1442
973	22	36	2	0	1475	1007	19	52	1	8	1441
974	22	31	2	0	1474	1008	19	47	1	7	1440
975	22	26	2	0	1473	1009	19	42	1	7	1439
976	22	22	2	0	1472	1010	19	37	1	7	1438
977	22	17	2	0	1471	1011	19	32	1	7	1437
978	22	12	2	0	1470	1012	19	27	1	7	1436
979	22	8	2	0	1469	1013	19	22	1	7	1435
980	22	3	1	9	1468	1014	19	17	1	7	1434
981	21	58	1	9	1467	1015	19	12	1	7	1433
982	21	53	1	9	1466	1016	19	7	1	7	1432
983	21	49	1	9	1465	1017	19	2	1	7	1431
984	21	44	1	9	1464	1018	18	57	1	7	1430
985	21	39	1	9	1463	1019	18	52	1	7	1429
986	21	34	1	9	1462	1020	18	47	1	7	1428
	Sub.		Ad.		Num. 1.		Sub.		Ad.		Num. 1.

TABULA PRIMÆ ÆQUATIONIS CONJUNCTIONUM
primi Satellitis Jovis.

Num. 1.	Æquat. ′ Ad.	″	Num. 2. Sub.			Num. 1.	Æquat. ′ Ad.	″	Num. 2. Sub.		
1020	18	47	1	7	1428	1054	15	51	1	4	1394
1021	18	42	1	6	1427	1055	15	46	1	4	1393
1022	18	37	1	6	1426	1056	15	40	1	4	1392
1023	18	32	1	6	1425	1057	15	35	1	4	1391
1024	18	27	1	6	1424	1058	15	30	1	4	1390
1025	18	22	1	6	1423	1059	15	24	1	4	1389
1026	18	17	1	6	1422	1060	15	19	1	4	1388
1027	18	11	1	6	1421	1061	15	14	1	3	1387
1028	18	6	1	6	1420	1062	15	9	1	3	1386
1029	18	1	1	6	1419	1063	15	3	1	3	1385
1030	17	56	1	6	1418	1064	14	58	1	3	1384
1031	17	51	1	6	1417	1065	14	52	1	3	1383
1032	17	46	1	6	1416	1066	14	47	1	3	1382
1033	17	40	1	5	1415	1067	14	41	1	3	1381
1034	17	35	1	5	1414	1068	14	36	1	3	1380
1035	17	30	1	5	1413	1069	14	30	1	3	1379
1036	17	25	1	5	1412	1070	14	25	1	3	1378
1037	17	20	1	5	1411	1071	14	20	1	3	1377
1038	17	15	1	5	1410	1072	14	14	1	3	1376
1039	17	10	1	5	1409	1073	14	9	1	2	1375
1040	17	5	1	5	1408	1074	14	4	1	2	1374
1041	17	0	1	5	1407	1075	13	58	1	2	1373
1042	16	54	1	5	1406	1076	13	53	1	2	1372
1043	16	49	1	5	1405	1077	13	48	1	2	1371
1044	16	44	1	5	1404	1078	13	42	1	2	1370
1045	16	39	1	5	1403	1079	13	37	1	2	1369
1046	16	34	1	5	1402	1080	13	32	1	2	1368
1047	16	29	1	5	1401	1081	13	26	1	2	1367
1048	16	23	1	4	1400	1082	13	21	1	2	1366
1049	16	18	1	4	1399	1083	13	15	1	2	1365
1050	16	13	1	4	1398	1084	13	10	1	2	1364
1051	16	7	1	4	1397	1085	13	5	1	2	1363
1052	16	2	1	4	1396	1086	12	59	1	1	1362
1053	15	57	1	4	1395	1087	12	54	1	1	1361
1054	15	51	1	4	1394	1088	12	48	1	1	1360
	Sub.		Ad.		Num. 1.		Sub.		Ad.		Num. 1.

TABU-

TABULA PRIMÆ ÆQUATIONIS CONJUNCTIONUM
primi Satellitis Jovis.

Num. 1.	Æquat. ' Ad. "	Num. 2. Sub.	
1088	12 48	1 1	1360
1089	12 42	1 1	1359
1090	12 37	1 1	1358
1091	12 31	1 1	1357
1092	12 26	1 1	1356
1093	12 20	1 1	1355
1094	12 15	1 1	1354
1095	12 9	1 1	1353
1096	12 4	1 1	1352
1097	11 58	1 1	1351
1098	11 53	1 0	1350
1099	11 47	1 0	1349
1100	11 42	1 0	1348
1101	11 38	1 0	1347
1102	11 31	1 0	1346
1103	11 25	1 0	1345
1104	11 20	1 0	1344
1105	11 14	1 0	1343
1106	11 9	1 0	1342
1107	11 3	1 0	1341
1108	10 58	1 0	1340
1109	10 52	1 0	1339
1110	10 47	1 0	1338
1111	10 41	0 9	1337
1112	10 36	0 9	1336
1113	10 31	0 9	1335
1114	10 25	0 9	1334
1115	10 20	0 9	1333
1116	10 14	0 9	1332
1117	10 9	0 9	1331
1118	10 3	0 9	1330
1119	9 58	0 9	1329
1120	9 52	0 9	1328
1121	9 47	0 9	1327
1122	9 41	0 9	1326
	Sub.	Ad.	Num. 1.

Num. 1.	Æquat. ' Ad. "	Num. 2. Sub.	
1122	9 41	0 9	1326
1123	9 36	0 8	1325
1124	9 30	0 8	1324
1125	9 24	0 8	1323
1126	9 19	0 8	1322
1127	9 13	0 8	1321
1128	9 8	0 8	1320
1129	9 2	0 8	1319
1130	8 57	0 8	1318
1131	8 51	0 8	1317
1132	8 45	0 8	1316
1133	8 40	0 8	1315
1134	8 34	0 8	1314
1135	8 28	0 7	1313
1136	8 23	0 7	1312
1137	8 17	0 7	1311
1138	8 11	0 7	1310
1139	8 6	0 7	1309
1140	8 0	0 7	1308
1141	7 54	0 7	1307
1142	7 49	0 7	1306
1143	7 43	0 7	1305
1144	7 37	0 7	1304
1145	7 32	0 7	1303
1146	7 26	0 6	1302
1147	7 20	0 6	1301
1148	7 15	0 6	1300
1149	7 9	0 6	1299
1150	7 3	0 6	1298
1151	6 58	0 6	1297
1152	6 52	0 6	1296
1153	6 46	0 6	1295
1154	6 41	0 6	1294
1155	6 35	0 6	1293
1156	6 29	0 6	1292
	Sub.	Ad.	Num. 1.

TABULA PRIMÆ ÆQUATIONIS CONJUNCTIONUM
primi Satellitis Jovis.

Num. 1.	Æquat. ' Ad. "	Num. 2. Sub.		Num. 1.	Æquat. ' Ad. "	Num. 2. Sub.	
1156	6 29	0 6	1292	1190	3 15	0 3	1258
1157	6 23	0 6	1291	1191	3 10	0 3	1257
1158	6 18	0 6	1290	1192	3 4	0 3	1256
1159	6 13	0 5	1289	1193	2 58	0 3	1255
1160	6 7	0 5	1288	1194	2 53	0 3	1254
1161	6 1	0 5	1287	1195	2 47	0 2	1253
1162	5 55	0 5	1286	1196	2 41	0 2	1252
1163	5 50	0 5	1285	1197	2 36	0 2	1251
1164	5 44	0 5	1284	1198	2 30	0 2	1250
1165	5 38	0 5	1283	1199	2 24	0 2	1249
1166	5 33	0 5	1282	1200	2 19	0 2	1248
1167	5 27	0 5	1281	1201	2 13	0 2	1247
1168	5 24	0 5	1280	1202	2 7	0 2	1246
1169	5 16	0 5	1279	1203	2 1	0 2	1245
1170	5 10	0 5	1278	1204	1 56	0 2	1244
1171	5 5	0 4	1277	1205	1 50	0 2	1243
1172	4 59	0 4	1276	1206	1 44	0 2	1242
1173	4 54	0 4	1275	1207	1 38	0 1	1241
1174	4 48	0 4	1274	1208	1 33	0 1	1240
1175	4 42	0 4	1273	1209	1 27	0 1	1239
1176	4 36	0 4	1272	1210	1 21	0 1	1238
1177	4 30	0 4	1271	1211	1 15	0 1	1237
1178	4 24	0 4	1270	1212	1 10	0 1	1236
1179	4 18	0 4	1269	1213	1 4	0 1	1235
1180	4 13	0 4	1268	1214	0 58	0 1	1234
1181	4 7	0 4	1267	1215	0 52	0 1	1233
1182	4 1	0 4	1266	1216	0 47	0 1	1232
1183	3 55	0 3	1265	1217	0 41	0 1	1231
1184	3 50	0 3	1264	1218	0 36	0 1	1230
1185	3 44	0 3	1263	1219	0 29	0 0	1229
1186	3 38	0 3	1262	1220	0 24	0 0	1228
1187	3 33	0 3	1261	1221	0 18	0 0	1227
1188	3 27	0 3	1260	1222	0 12	0 0	1226
1189	3 21	0 3	1259	1223	0 6	0 0	1225
1190	3 15	0 3	1258	1224	0 0	0 0	1224
	Sub.	Ad.	Num. 1.		Sub.	Ad.	Num. 1.

TABULA SECUNDÆ ÆQUATIONIS CONJUNCTIONUM

primi Satellitis Jovis.

N. 2.	Æquat. '	Ad. "	N. 2.	Æquat. '	Ad. "	N. 2.	Æquat. '	Ad. "	N. 2.	Æquat. '	Ad. "
0	0	0	28	2	4	56	7	0	84	12	0
1	0	0	29	2	13	57	7	12	85	12	9
2	0	1	30	2	21	58	7	24	86	12	16
3	0	2	31	2	30	59	7	36	87	12	24
4	0	3	32	2	39	60	7	47	88	12	32
5	0	4	33	2	49	61	7	59	89	12	40
6	0	6	34	2	56	62	8	11	90	12	47
7	0	8	35	3	8	63	8	22	91	12	53
8	0	10	36	3	17	64	8	34	92	13	0
9	0	14	37	3	27	65	8	46	93	13	6
10	0	17	38	3	37	66	8	57	94	13	13
11	0	20	39	3	48	67	9	8	95	13	19
12	0	23	40	3	59	68	9	20	96	13	24
13	0	26	41	4	9	69	9	32	97	13	30
14	0	32	42	4	20	70	9	44	98	13	35
15	0	37	43	4	31	71	9	54	99	13	39
16	0	42	44	4	41	72	10	3	100	13	45
17	0	47	45	4	53	73	10	14	101	13	40
18	0	53	46	5	4	74	10	25	102	13	51
19	0	58	47	5	15	75	10	35	103	13	54
20	1	4	48	5	27	76	10	45	104	13	57
21	1	11	49	5	39	77	10	55	105	14	0
22	1	18	50	5	50	78	11	5	106	14	3
23	1	25	51	6	2	79	11	15	107	14	5
24	1	32	52	6	14	80	11	25	108	14	7
25	1	40	53	6	25	81	11	34	109	14	8
26	1	47	54	6	37	82	11	43	110	14	9
27	1	56	55	6	49	83	11	52	111	14	10
28	2	4	56	7	0	84	12	0	112	14	10

TABULA SECUNDÆ ÆQUATIONIS CONJUNCTIONUM

primi Satellitis Jovis.

N. 2.	Æquat. ′	Ad. ″	N. 2.	Æquat. ′	Ad. ″	N. 2.	Æquat. ′	Ad. ″	N. 2.	Æquat. ′	Ad. ″
112	14	10	140	12	12	168	7	15	196	2	15
113	14	10	141	12	3	169	7	3	197	2	6
114	14	10	142	11	55	170	6	52	198	1	58
115	14	10	143	11	46	171	6	40	199	1	49
116	14	9	144	11	36	172	6	29	200	1	42
117	14	8	145	11	28	173	6	17	201	1	34
118	14	5	146	11	19	174	6	5	202	1	27
119	14	3	147	11	8	175	5	53	203	1	20
120	14	1	148	10	59	176	5	41	204	1	13
121	13	58	149	10	48	177	5	30	205	1	7
122	13	55	150	10	38	178	5	19	206	1	0
123	13	52	151	10	28	179	5	7	207	0	55
124	13	49	152	10	17	180	4	56	208	0	49
125	13	44	153	10	7	181	4	44	209	0	44
126	13	40	154	9	56	182	4	33	210	0	38
127	13	36	155	9	45	183	4	23	211	0	33
128	13	31	156	9	34	184	4	12	212	0	29
129	13	25	157	9	23	185	4	2	213	0	24
130	13	21	158	9	11	186	3	51	214	0	21
131	13	15	159	9	1	187	3	41	215	0	18
132	13	8	160	8	49	188	3	30	216	0	15
133	13	2	161	8	37	189	3	21	217	0	12
134	12	56	162	8	26	190	3	11	218	0	8
135	12	49	163	8	14	191	3	1	219	0	6
136	12	42	164	8	2	192	2	52	220	0	4
137	12	34	165	7	51	193	2	42	221	0	3
138	12	27	166	7	39	194	2	33	222	0	2
139	12	29	167	7	27	195	2	24	223	0	1
140	12	12	168	7	15	196	2	15	224	0	0
									225	0	0

TABU-

TABULA DIMIDIÆ MORÆ PRIMI SATELLITIS JOVIS
in Jovis umbra.

Num. 1.	H.	′	″	Num. 1.	H.	′	″
0	1	4	56	1200	1	5	6
40	1	4	33	1240	1	4	48
80	1	4	12	1280	1	4	23
120	1	3	59	1320	1	4	7
160	1	3	48	1360	1	3	54
200	1	3	39	1400	1	3	38
240	1	3	38	1440	1	3	38
280	1	3	48	1480	1	3	44
320	1	4	1	1520	1	3	52
360	1	4	16	1560	1	4	7
400	1	4	36	1600	1	4	24
440	1	4	56	1640	1	4	42
480	1	5	18	1680	1	5	0
520	1	5	41	1720	1	5	22
560	1	6	1	1760	1	5	46
600	1	6	21	1800	1	6	10
640	1	6	39	1840	1	6	28
680	1	6	53	1880	1	6	45
720	1	7	3	1920	1	6	57
760	1	7	11	1960	1	7	7
800	1	7	15	2000	1	7	13
840	1	7	13	2040	1	7	14
880	1	7	9	2080	1	7	15
920	1	7	2	2120	1	7	15
960	1	6	54	2160	1	7	10
1000	1	6	39	2200	1	6	49
1040	1	6	22	2240	1	6	32
1080	1	6	5	2280	1	6	15
1120	1	5	45	2320	1	5	58
1160	1	5	26	2360	1	5	38
1200	1	5	6	2400	1	5	18
				2440	1	5	2

I

TABULA ÆQUATIONIS DIERUM.

	♈		♉		♊		♋	
G	' A "		' S "		' S "		' A "	
0	7 45	19	1 11	13	4 3	3	0 59	16
1	7 26	19	1 24	13	4 0	4	1 15	14
2	7 7	19	1 37	12	3 56	5	1 29	13
3	6 48	19	1 49	12	3 51	6	1 42	12
4	6 29	19	2 1	11	3 45	6	1 54	12
5	6 10	19	2 12	11	3 39	7	2 6	13
6	5 51	20	2 23	10	3 32	7	2 19	13
7	5 31	20	2 33	10	3 25	8	2 32	12
8	5 11	20	2 43	10	3 17	8	2 44	12
9	4 51	20	2 53	10	3 9	9	2 56	12
10	4 31	20	3 3	10	3 0	9	3 8	12
11	4 11	19	3 13	9	2 51	10	3 20	12
12	3 52	19	3 22	8	2 41	10	3 32	11
13	3 33	19	3 30	7	2 31	10	3 43	11
14	3 14	19	3 37	6	2 21	11	3 54	10
15	2 55	18	3 43	5	2 10	10	4 4	10
16	2 37	18	3 48	5	2 0	11	4 14	10
17	2 19	18	3 53	4	1 49	12	4 24	10
18	2 1	18	3 57	4	1 37	12	4 34	9
19	1 43	17	4 1	4	1 25	12	4 43	8
20	1 26	17	4 5	3	1 13	12	4 51	8
21	1 9	17	4 8	2	1 1	12	4 59	7
22	0 52	17	4 10	2	0 49	12	5 6	7
23	0 35	16	4 12	1	0 37	13	5 13	6
24	0 19	16	4 13	2	0 24	14	5 19	5
25	0 3	15	4 11	2	0 10	13	5 24	5
26	0 S 12	15	4 9	1	0 A 3	13	5 29	4
27	0 27	15	4 8	2	0 16	13	5 33	4
28	0 42	15	4 6	1	0 29	15	5 37	3
29	0 57	14	4 5	2	0 44	15	5 40	3
30	1 11		4 3		0 59		5 43	

TABVLA ÆQVATIONIS DIERVM.

	♌		♍		♎		♏	
G	' A "		' A "		' S "		' S "	
0	5 43	2	2 8	15	7 44	21	15 34	8
1	5 45	1	1 53	16	8 5	20	15 42	6
2	5 46	1	1 37	16	8 25	20	15 48	5
3	5 47	1	1 21	16	8 45	20	15 53	4
4	5 48	0	1 5	17	9 5	20	15 57	4
5	5 48	0	0 48	18	9 25	19	16 1	4
6	5 48	2	0 30	18	9 44	19	16 5	2
7	5 46	2	0 12	19	10 3	19	16 7	1
8	5 44	4	0 S 7	19	10 22	19	16 8	1
9	5 40	4	0 26	19	10 41	19	16 9	0
10	5 36	5	0 45	18	11 0	19	16 9	0
11	5 31	6	1 3	18	11 19	19	16 9	1
12	5 25	6	1 21	19	11 38	19	16 8	1
13	5 19	6	1 40	19	11 57	18	16 7	2
14	5 13	7	1 59	20	12 15	18	16 5	4
15	5 6	8	2 19	21	12 33	17	16 1	5
16	4 58	9	2 40	21	12 50	17	15 56	6
17	4 49	10	3 1	21	13 7	15	15 50	6
18	4 39	9	3 22	22	13 22	14	15 44	7
19	4 30	10	3 44	22	13 36	13	15 37	7
20	4 20	11	4 6	23	13 49	13	15 30	8
21	4 9	12	4 29	22	14 2	12	15 22	9
22	3 57	12	4 51	22	14 14	12	15 13	10
23	3 45	13	5 13	22	14 26	11	15 3	11
24	3 32	13	5 35	22	14 37	10	14 52	12
25	3 19	14	5 57	22	14 47	10	14 40	13
26	3 5	14	6 19	22	14 57	10	14 27	14
27	2 51	14	6 41	21	15 7	9	14 13	15
28	2 37	14	7 2	21	15 16	9	13 58	16
29	2 23	15	7 23	21	15 25	9	13 42	17
30	2 8		7 44		15 34		13 25	

TABULA ÆQUATIONIS DIERUM.

	♐			♑			♒			♓		
G	' S	"		' S	"		' A	"		' A	"	
0	13	25	18	0	59	32	11	48	16	14	36	7
1	13	7	19	0 A	27	32	12	4	15	14	29	8
2	12	48	19	0	5	30	12	19	16	14	21	8
3	12	29	19	0	35	29	12	35	15	14	13	9
4	12	10	20	1	4	29	12	50	15	14	4	9
5	11	50	20	1	33	30	13	5	14	13	55	9
6	11	30	20	2	3	29	13	19	13	13	46	9
7	11	10	21	2	32	29	13	32	12	13	37	10
8	10	49	21	3	1	28	13	44	11	13	27	10
9	10	28	22	3	29	28	13	55	10	13	17	10
10	10	6	24	3	57	28	14	5	9	13	7	11
11	9	42	25	4	25	28	14	14	8	12	56	12
12	9	17	26	4	53	27	14	22	7	12	44	12
13	8	51	26	5	20	28	14	29	6	12	32	13
14	8	25	27	5	48	27	14	35	5	12	19	13
15	7	58	27	6	15	27	14	40	5	12	6	14
16	7	31	26	6	42	27	14	45	5	11	52	15
17	7	5	27	7	9	25	14	50	4	11	37	16
18	6	38	26	7	34	24	14	54	2	11	21	17
19	6	12	27	7	58	23	14	56	2	11	4	18
20	5	45	26	8	21	24	14	58	1	10	46	18
21	5	19	27	8	45	23	14	59	1	10	28	18
22	4	52	26	9	8	23	15	0	0	10	10	18
23	4	26	28	9	31	22	15	0	0	9	52	18
24	3	58	28	9	53	20	15	0	2	9	34	18
25	3	30	29	10	13	19	14	58	3	9	16	18
26	3	1	30	10	32	19	14	55	4	8	58	18
27	2	31	30	10	51	19	14	51	4	8	40	18
28	2	1	31	11	10	19	14	47	5	8	22	18
29	1	30	31	11	29	19	14	42	6	8	4	19
30	0	59		11	48		14	36		7	45	

TABU-

TABULA MEDII TEMPORIS MERIDIEI VERÆ

ad annum 1668. & sequentes.

D.	Januarius. H. ' "	Excessus.	Februarius. H. ' "	Excessus.	Biss. D.	Co. D.	Martius H. ' "	Defectus.
0	0 3 57	28	0 14 18	7	0	1	0 12 58	12
1	0 4 25	28	0 14 25	6	1	2	0 12 46	12
2	0 4 53	28	0 14 31	6	2	3	0 12 34	13
3	0 5 21	29	0 14 37	5	3	4	0 12 21	13
4	0 5 50	28	0 14 42	5	4	5	0 12 8	14
5	0 6 18	27	0 14 47	4	5	6	0 11 54	15
6	0 6 45	27	0 14 51	4	6	7	0 11 39	16
7	0 7 12	26	0 14 55	3	7	8	0 11 23	16
8	0 7 38	25	0 14 58	2	8	9	0 11 7	17
9	0 8 3	24	0 15 0	Defectus.	9	10	0 10 50	18
10	0 8 27	24	0 15 0		10	11	0 10 32	18
11	0 8 51	24	0 15 0		11	12	0 10 14	18
12	0 9 15	23	0 15 0	2	12	13	0 9 56	18
13	0 9 38	22	0 14 58	2	13	14	0 9 38	18
14	0 10 0	20	0 14 56	3	14	15	0 9 20	18
15	0 10 20	20	0 14 53	5	15	16	0 9 2	18
16	0 10 40	19	0 14 48	5	16	17	0 8 44	17
17	0 10 59	19	0 14 43	6	17	18	0 8 27	18
18	0 11 18	18	0 14 37	6	18	19	0 8 9	18
19	0 11 36	17	0 14 31	8	19	20	0 7 51	18
20	0 11 53	17	0 14 23	8	20	21	0 7 33	19
21	0 12 10	16	0 14 15	9	21	22	0 7 14	19
22	0 12 26	16	0 14 6	9	22	23	0 6 55	19
23	0 12 42	15	0 13 57	9	23	24	0 6 36	20
24	0 12 57	15	0 13 48	9	24	25	0 6 16	20
25	0 13 12	14	0 13 39	10	25	26	0 5 56	19
26	0 13 26	13	0 13 29	10	26	27	0 5 37	19
27	0 13 39	12	0 13 19	10	27	28	0 5 18	19
28	0 13 51	10	0 13 9	11	28	29	0 4 59	19
29	0 14 1	9	0 12 58		29	30	0 4 40	19
30	0 14 10	8			30	31	0 4 21	19
31	0 14 18				31		0 4 2	

TABULA MEDII TEMPORIS MERIDIEI VERÆ

ad annum 1668. & sequentes.

Biss.	Co.	Aprilis.	Defectus.	Maius.	Defectus.	Junius.	Excessus.
D.	D.	H. ' "		H. ' "		H. ' "	
0	1	0 4 2	19	11 56 49	9	11 57 5	10
1	2	0 3 43	19	11 56 40	8	11 57 15	10
2	3	0 3 24	19	11 56 32	7	11 57 25	10
3	4	0 3 5	18	11 56 25	6	11 57 35	9
4	5	0 2 47	18	11 56 19	6	11 57 44	10
5	6	0 2 29	18	11 56 13	5	11 57 54	10
6	7	0 2 11	17	11 56 8	4	11 58 4	11
7	8	0 1 54	17	11 56 4	4	11 58 15	11
8	9	0 1 37	17	11 56 0	3	11 58 26	11
9	10	0 1 20	17	11 55 57	3	11 58 37	11
10	11	0 1 3	16	11 55 54	2	11 58 48	11
11	12	0 0 47	16	11 55 52	2	11 58 59	12
12	13	0 0 31	16	11 55 50	2	11 59 11	12
13	14	0 0 15	15	11 55 48	1	11 59 23	12
14	15	0 0 0	15	11 55 47	Exc.	11 59 35	13
15	16	11 59 45	15	11 55 48	2	11 59 48	13
16	17	11 59 30	15	11 55 50	2	0 0 1	13
17	18	11 59 15	14	11 55 52	2	0 0 14	13
18	19	11 59 1	13	11 55 54	1	0 0 27	13
19	20	11 58 48	13	11 55 55	2	0 0 40	14
20	21	11 58 35	12	11 55 57	3	0 0 54	14
21	22	11 58 23	12	11 56 0	4	0 1 8	14
22	23	11 58 11	12	11 56 4	5	0 1 22	13
23	24	11 57 59	11	11 56 9	6	0 1 35	13
24	25	11 57 48	11	11 56 15	5	0 1 48	12
25	26	11 57 37	10	11 56 20	6	0 2 0	12
26	27	11 57 27	10	11 56 26	6	0 2 12	12
27	28	11 57 17	9	11 56 32	7	0 2 24	12
28	29	11 57 8	10	11 56 39	8	0 2 36	11
29	30	11 56 58	9	11 56 47	9	0 2 47	11
30	31	11 56 49		11 56 56	9	0 2 58	
31				11 57 5			

TABULA MEDII TEMPORIS MERIDIEI VERÆ

ad annum 1668. & sequentes.

Biss.	Co.	Julius.			Excessus.	Augustus.			Defectus.	September.			Defectus.
D.	D.	H	'	"		H	'	"		H	'	"	
0	1	0	2	58	12	0	5	41	4	11	59	43	18
1	2	0	3	10	11	0	5	37	5	11	59	25	19
2	3	0	3	21	11	0	5	32	6	11	59	6	16
3	4	0	3	32	11	0	5	26	6	11	58	47	18
4	5	0	3	43	10	0	5	20	6	11	58	29	19
5	6	0	3	53	10	0	5	14	6	11	58	10	19
6	7	0	4	3	10	0	5	8	7	11	57	51	20
7	8	0	4	13	9	0	5	1	7	11	57	31	21
8	9	0	4	23	9	0	4	54	8	11	57	10	21
9	10	0	4	32	9	0	4	46	9	11	56	49	21
10	11	0	4	41	8	0	4	37	9	11	56	28	21
11	12	0	4	49	7	0	4	28	10	11	56	7	21
12	13	0	4	56	7	0	4	18	11	11	55	46	21
13	14	0	5	4	7	0	4	7	11	11	55	25	22
14	15	0	5	11	6	0	3	56	12	11	55	3	21
15	16	0	5	17	5	0	3	44	12	11	54	42	22
16	17	0	5	22	4	0	3	32	13	11	54	20	21
17	18	0	5	26	4	0	3	19	14	11	53	59	22
18	19	0	5	30	4	0	3	5	14	11	53	37	21
19	20	0	5	34	3	0	2	51	14	11	53	16	21
20	21	0	5	37	3	0	2	37	15	11	52	55	21
21	22	0	5	40	3	0	2	22	15	11	52	34	21
22	23	0	5	43	2	0	2	7	15	11	52	13	20
23	24	0	5	45	1	0	1	52	14	11	51	53	20
24	25	0	5	46	1	0	1	38	14	11	51	33	19
25	26	0	5	47	1	0	1	24	15	11	51	14	20
26	27	0	5	48		0	1	9	16	11	50	54	19
27	28	0	5	48	Defect.	0	0	53	17	11	50	35	19
28	29	0	5	48		0	0	36	18	11	50	16	19
29	30	0	5	46	2	0	0	18	17	11	49	57	19
30	31	0	5	44	2	0	0	1	18	11	49	38	
31		0	5	41	3	11	59	43					

TABVLA MEDII TEMPORIS MERIDIEI VERÆ

ad annum 1668. & sequentes.

Biss. D.	Co. D.	October. H.	'	"	Defectus.	November. H.	'	"	Excessus.	December. H.	'	"	Excessus.	Tabula reductionis. Ann.	Min.
0	1	11	49	38	19	11	43	51	0	11	49	35	22	1	46
1	2	11	49	19	19	11	43	51	0	11	49	57	23	2	31
2	3	11	49	0	18	11	43	51	1	11	50	20	24	3	17
3	4	11	48	42	19	11	43	52	1	11	50	44	26	4	2
4	5	11	48	23	19	11	43	53	2	11	51	10	27	5	47
5	6	11	48	4	18	11	43	55	4	11	51	37	28	6	33
6	7	11	47	46	18	11	43	59	6	11	52	5	28	7	19
7	8	11	47	28	17	11	44	5	6	11	52	33	27	8	4
8	9	11	47	11	16	11	44	11	6	11	53	0	28	9	49
9	10	11	46	55	15	11	44	17	7	11	53	28	28	10	35
10	11	11	46	40	14	11	44	24	7	11	53	56	27	11	21
11	12	11	46	26	13	11	44	31	8	11	54	23	28	12	5
12	13	11	46	13	13	11	44	39	9	11	54	51	28	13	51
13	14	11	46	0	12	11	44	48	10	11	55	19	28	14	37
14	15	11	45	48	12	11	44	58	10	11	55	48	28	15	23
15	16	11	45	36	11	11	45	8	12	11	56	16	29	16	7
16	17	11	45	25	10	11	45	20	13	11	56	45	30	17	53
17	18	11	45	15	10	11	45	33	14	11	57	15	30	18	39
18	19	11	45	5	10	11	45	47	15	11	57	45	30	19	24
19	20	11	44	55	10	11	46	2	16	11	58	15	31	20	9
20	21	11	44	45	9	11	46	18	17	11	58	46	31	21	55
21	22	11	44	36	9	11	46	35	18	11	59	17	31	22	40
22	23	11	44	27	8	11	46	53	19	11	59	48	31	23	16
23	24	11	44	19	6	11	47	12	19	0	0	19	31	24	11
24	25	11	44	13	5	11	47	31	19	0	0	50	30	25	57
25	26	11	44	8	4	11	47	50	20	0	1	20	31	26	42
26	27	11	44	4	4	11	48	10	21	0	1	51	30	27	28
27	28	11	44	0	4	11	48	31	21	0	2	21	30	28	13
28	29	11	43	56	3	11	48	52	21	0	2	51	29	29	58
29	30	11	43	53	1	11	49	13	22	0	3	20	29	30	44
30	31	11	43	52	1	11	49	35		0	3	49	29	31	30
31		11	43	51						0	4	18		32	15
														33	0

TABV-

TABULÆ MOTUUM SECUNDI SATELLITIS JOVIS.

TABULA MEDIORUM MOTUUM
secundi Satellitis Jovis in annis 100.

Anni.	S.	G.	'	"	Anni.	S.	G.	'	"	Anni.	S.	G.	'	"
1	9	11	44	54	34	10	10	26	20	67	11	9	7	46
2	6	23	29	48	35	7	22	11	14	B 68	0	2	15	8
3	4	5	14	42	B 36	8	15	18	36	69	9	14	0	2
B 4	4	28	22	4	37	5	27	3	30	70	6	25	44	56
5	2	10	6	58	38	3	8	48	24	71	4	7	29	50
6	11	21	51	52	39	0	20	33	18	B 72	5	0	37	12
7	9	3	36	46	B 40	1	13	40	40	73	2	12	22	6
B 8	9	26	44	8	41	10	25	25	34	74	11	24	7	0
9	7	8	29	2	42	8	7	10	28	75	9	5	51	54
10	4	10	23	56	43	5	18	55	22	B 76	9	28	59	16
11	2	1	58	50	B 44	6	12	2	44	77	7	10	44	10
B 12	2	25	6	12	45	3	23	47	38	78	4	22	29	4
13	0	6	51	6	46	1	5	32	32	79	2	4	13	58
14	9	18	36	0	47	10	17	17	26	B 80	2	27	21	20
15	7	0	20	54	B 48	11	10	24	48	81	0	9	6	14
B 16	7	23	28	16	49	8	22	9	42	82	9	20	51	8
17	5	5	13	10	50	6	3	54	36	83	7	2	36	2
18	2	16	58	4	51	3	15	39	30	B 84	7	25	43	24
19	11	28	42	58	B 52	4	8	46	52	85	5	7	28	18
B 20	0	21	50	20	53	1	20	31	46	86	2	19	13	12
21	10	3	35	14	54	11	2	16	40	87	0	0	58	6
22	7	15	20	8	55	8	14	1	34	B 88	0	24	5	28
23	4	27	5	2	B 56	9	7	8	56	89	10	5	50	22
B 24	5	20	12	24	57	6	18	53	50	90	7	17	35	16
25	3	1	57	18	58	4	0	38	44	91	4	29	20	10
26	0	13	42	12	59	1	12	23	38	B 92	5	22	27	32
27	9	25	27	6	B 60	2	5	31	0	93	3	4	12	26
B 28	10	18	34	28	61	11	17	15	54	94	0	15	57	20
29	8	0	19	22	62	8	29	0	48	95	9	27	42	14
30	5	12	4	16	63	6	10	45	42	B 96	10	20	49	36
31	2	23	49	10	B 64	7	3	53	4	97	8	2	34	30
B 32	3	16	56	32	65	4	15	37	58	98	5	14	19	24
33	0	28	41	26	66	1	27	22	52	99	2	26	4	18
										B 100	3	19	11	40

TABULA MEDIORUM MOTUUM
secundi Satellitis Jovis in diebus anni.

Dies.	Januarius.				Februarius.				Martius.			
	S.	G.	'	"	S.	G.	'	"	S.	G.	'	"
1	3	11	22	29	0	3	59	20	10	22	28	45
2	6	22	44	57	3	15	21	49	2	3	51	14
3	10	4	7	26	6	26	44	17	5	15	13	42
4	1	15	29	55	10	8	6	46	8	26	36	11
5	4	26	52	24	1	19	29	15	0	7	58	40
6	8	8	14	52	5	0	51	44	3	19	21	9
7	11	19	37	21	8	12	14	12	7	0	43	37
8	3	0	59	50	11	23	36	41	10	12	6	6
9	6	12	22	19	3	4	59	10	1	23	28	35
10	9	23	44	47	6	16	21	39	5	4	51	4
11	1	5	7	16	9	27	44	7	8	16	13	32
12	4	16	29	45	1	9	6	36	11	27	36	1
13	7	27	52	14	4	20	29	5	3	8	58	30
14	11	9	14	42	8	1	51	34	6	20	20	59
15	2	20	37	11	11	13	14	2	10	1	43	27
16	6	1	59	40	2	24	36	31	1	13	5	56
17	9	13	22	9	6	5	59	0	4	24	28	25
18	0	24	44	37	9	17	21	29	8	5	50	54
19	4	6	7	6	0	28	43	57	11	17	13	22
20	7	17	29	35	4	10	6	26	2	28	35	51
21	10	28	52	4	7	21	28	55	6	9	58	20
22	2	10	14	32	11	2	51	24	9	21	20	49
23	5	21	37	1	2	14	13	52	1	2	43	17
24	9	2	59	30	5	25	36	21	4	14	5	46
25	0	14	21	59	9	6	58	50	7	25	28	15
26	3	25	44	27	0	18	21	19	11	6	50	44
27	7	7	6	56	3	29	43	47	2	18	13	12
28	10	18	29	25	7	11	6	16	5	29	35	41
29	1	29	51	54					9	10	58	10
30	5	11	14	22					0	22	20	39
31	8	22	36	51					4	3	43	7

TABULA MEDIORUM MOTUUM

secundi Satellitis Jovis in diebus anni.

	Aprilis.				Maius.				Junius.			
Dies.	S.	G.	'	"	S.	G.	'	"	S.	G.	'	"
1	7	15	5	36	0	26	19	59	9	18	56	50
2	10	26	28	5	4	7	42	27	1	0	19	19
3	2	7	50	34	7	19	4	56	4	11	41	47
4	5	19	13	2	11	0	27	25	7	23	4	16
5	9	0	35	31	2	11	49	54	11	4	26	45
6	0	11	58	0	5	23	12	22	2	15	49	14
7	3	23	20	29	9	4	34	51	5	27	11	42
8	7	4	42	57	0	15	57	20	9	8	34	11
9	10	16	5	26	3	27	19	49	0	19	56	40
10	1	27	27	55	7	8	42	17	4	1	19	9
11	5	8	50	24	10	20	4	46	7	12	41	37
12	8	20	12	52	2	1	27	15	10	24	4	6
13	0	1	35	21	5	12	49	44	2	5	26	35
14	3	12	57	50	8	24	12	12	5	16	49	4
15	6	24	20	19	0	5	34	41	8	28	11	32
16	10	5	42	47	3	16	57	10	0	9	34	1
17	1	17	5	16	6	28	19	39	3	20	56	30
18	4	28	27	45	10	9	42	7	7	2	18	59
19	8	9	50	14	1	21	4	36	10	13	41	27
20	11	21	12	42	5	2	27	5	1	25	3	56
21	3	2	35	11	8	13	49	34	5	6	26	25
22	6	13	57	40	11	25	12	2	8	17	48	54
23	9	25	20	9	3	6	34	31	11	29	11	22
24	1	6	42	37	6	17	57	0	3	10	33	51
25	4	18	5	6	9	29	19	29	6	21	56	20
26	7	29	27	35	1	10	41	57	10	3	18	49
27	11	10	50	4	4	22	4	26	1	14	41	17
28	2	22	12	32	8	3	26	55	4	26	3	46
29	6	3	35	1	11	14	49	24	8	7	26	15
30	9	14	57	30	2	26	11	52	11	18	48	44
31					6	7	34	21				

TABULA MEDIORUM MOTUUM

secundi Satellitis Jovis in diebus anni.

	Julius.				Augustus.				September.			
Dies.	S.	G.	'	"	S.	G.	'	"	S.	G.	'	"
1	3	0	11	12	11	22	48	4	8	15	24	55
2	6	11	33	41	3	4	10	32	11	26	47	24
3	9	22	56	10	6	15	33	1	3	8	9	52
4	1	4	18	39	9	26	55	30	6	19	32	21
5	4	15	41	7	1	8	17	59	10	0	54	50
6	7	27	3	36	4	19	40	27	1	12	17	19
7	11	8	26	5	8	1	2	56	4	23	39	47
8	2	19	48	34	11	12	25	25	8	5	2	16
9	6	1	11	2	2	23	47	54	11	16	24	45
10	9	12	33	31	6	5	10	22	2	27	47	14
11	0	23	56	0	9	16	32	51	6	9	9	42
12	4	5	18	29	0	27	55	20	9	20	32	11
13	7	16	40	57	4	9	17	49	1	1	54	40
14	10	28	3	26	7	20	40	17	4	13	17	9
15	2	9	25	55	11	2	2	46	7	24	39	37
16	5	20	48	24	2	13	25	15	11	6	2	6
17	9	2	10	52	5	24	47	44	2	17	24	35
18	0	13	33	21	9	6	10	12	5	28	47	4
19	3	24	55	50	0	17	32	41	9	10	9	32
20	7	6	18	19	3	28	55	10	0	21	32	1
21	10	17	40	47	7	10	17	39	4	2	54	30
22	1	29	3	16	10	21	40	7	7	14	16	59
23	5	10	25	45	2	3	2	36	10	25	39	27
24	8	21	48	14	5	14	25	5	2	7	1	56
25	0	3	10	42	8	25	47	34	5	18	24	25
26	3	14	33	11	0	7	10	2	8	29	46	54
27	6	25	55	40	3	18	32	31	0	11	9	22
28	10	7	18	9	6	29	55	0	3	22	31	51
29	1	18	40	37	10	11	17	29	7	3	54	20
30	5	0	3	6	1	22	39	57	10	15	16	49
31	8	11	25	35	5	4	2	26				

TABVLA MEDIORVM MOTVVM

secundi Satellitis Jovis in diebus anni.

Dies.	Octob. S.	G.	'	"	Novemb. S.	G.	'	"	Decemb. S.	G.	'	"
1	1	26	39	17	10	19	16	9	4	0	30	31
2	5	8	1	46	2	0	38	37	7	11	53	0
3	8	19	24	15	5	12	1	6	10	23	15	29
4	0	0	46	44	8	23	23	35	2	4	37	57
5	3	12	9	12	0	4	46	4	5	16	0	26
6	6	23	31	41	3	16	8	32	8	27	22	55
7	10	4	54	10	6	27	31	1	0	8	45	24
8	1	16	16	39	10	8	53	30	3	20	7	52
9	4	27	39	7	1	20	15	59	7	1	30	21
10	8	9	1	36	5	1	38	27	10	12	52	50
11	11	20	24	5	8	13	0	56	1	24	15	19
12	3	1	46	34	11	24	23	25	5	5	37	47
13	6	13	9	2	3	5	45	54	8	17	0	16
14	9	24	31	31	6	17	8	22	11	28	22	45
15	5	5	54	0	9	28	30	51	3	9	45	14
16	4	17	16	29	1	9	53	20	6	21	7	42
17	7	28	38	57	4	21	15	49	10	2	30	11
18	11	10	1	26	8	2	38	17	1	13	52	1[illegible]
19	2	21	23	55	11	14	0	46	4	25	15	9
20	6	2	46	24	2	25	23	15	8	6	37	37
21	9	14	8	52	6	6	45	44	11	18	0	6
22	0	25	31	21	9	18	8	12	2	29	22	35
23	4	6	53	50	0	29	30	41	6	10	45	4
24	7	18	16	19	4	10	53	10	9	22	7	32
25	10	29	38	47	7	22	15	39	1	3	30	1
26	2	11	1	16	11	3	38	7	4	14	52	30
27	5	22	23	45	2	15	0	36	7	26	14	59
28	9	3	46	14	5	26	23	5	11	7	37	27
29	0	15	8	42	9	7	45	34	2	18	59	56
30	3	26	31	11	0	19	8	2	6	0	22	25
31	7	7	53	40					9	11	44	54

TABULA MEDIORUM MOTUUM

secundi Satellitis Jovis in horis & minutis.

					Min.	G.	M.	S.	Min.	G.	M.	S.
Hor.	S.	G.	M.	S.	Sec.	M.	S.	T.	Sec.	M.	S.	T.
1	0	4	13	26	1	0	4	13	31	2	10	56
2	0	8	26	52	2	0	8	26	32	2	15	10
3	0	12	40	18	3	0	12	40	33	2	19	23
4	0	16	53	44	4	0	16	53	34	2	23	36
5	0	21	7	11	5	0	21	7	35	2	27	50
6	0	25	20	37	6	0	25	20	36	2	32	3
7	0	29	34	3	7	0	29	34	37	2	36	17
8	1	3	47	29	8	0	33	47	38	2	40	30
9	1	8	0	55	9	0	38	1	39	2	44	44
10	1	12	14	22	10	0	42	14	40	2	48	57
11	1	16	27	48	11	0	46	27	41	2	53	10
12	1	20	41	14	12	0	50	41	42	2	57	24
13	1	24	54	40	13	0	54	54	43	3	1	37
14	1	29	8	7	14	0	59	8	44	3	5	51
15	2	3	21	33	15	1	3	21	45	3	10	4
16	2	7	34	59	16	1	7	35	46	3	14	18
17	2	11	48	25	17	1	11	48	47	3	18	31
18	2	16	1	51	18	1	16	1	48	3	22	44
19	2	20	15	18	19	1	20	15	49	3	26	58
20	2	24	28	44	20	1	24	28	50	3	31	11
21	2	28	42	10	21	1	28	42	51	3	35	25
22	3	2	55	36	22	1	32	55	52	3	39	38
23	3	7	9	2	23	1	37	9	53	3	43	52
24	3	11	22	29	24	1	41	22	54	3	48	5
					25	1	45	35	55	3	52	18
					26	1	49	49	56	3	56	32
					27	1	54	2	57	4	0	45
					28	1	58	16	58	4	4	59
					29	2	2	29	59	4	9	12
					30	2	6	43	60	4	13	26

TABULA DISTANTIÆ SECUNDI

Satellitis à centro Jovis, in ſemidiametris Jovis.

G.	Signa. 0 Sem.	6 Min.	Signa. 1 Sem.	7 Min.	Signa. 2 Sem.	8 Min.	G.
0	0	0	4	30	7	48	30
1	0	9	4	38	7	52	29
2	0	19	4	46	7	57	28
3	0	28	4	54	8	1	27
4	0	38	5	2	8	5	26
5	0	47	5	10	8	9	25
6	0	56	5	17	8	13	24
7	1	6	5	25	8	17	23
8	1	15	5	31	8	21	22
9	1	24	5	40	8	24	21
10	1	34	5	47	8	27	20
11	1	43	5	54	8	31	19
12	1	53	6	1	8	34	18
13	2	2	6	8	8	37	17
14	2	11	6	15	8	39	16
15	2	20	6	22	8	42	15
16	2	29	6	28	8	44	14
17	2	38	6	35	8	46	13
18	2	47	6	41	8	48	12
19	2	56	6	48	8	50	11
20	3	5	6	54	8	52	10
21	3	13	7	0	8	53	9
22	3	22	7	6	8	55	8
23	3	31	7	11	8	56	7
24	3	40	7	17	8	57	6
25	3	48	7	22	8	58	5
26	3	55	7	28	8	59	4
27	4	5	7	33	8	59	3
28	4	13	7	38	9	0	2
29	4	22	7	43	9	0	1
30	4	30	7	48	9	0	0
G.	11	5	10	4	9	3	G.

TABULA DECLINATIONIS SECUNDI
Satellitis Jovis ab orbita Jovis.

G.	G.	'	"	G.	G.	'	"	G.	G.	'	"
0	0	0	0	30	1	27	28	60	2	31	33
1	0	3	3	31	1	30	14	61	2	33	2
2	0	6	6	32	1	32	40	62	2	34	30
3	0	9	9	33	1	35	17	63	2	35	55
4	0	12	12	34	1	37	50	64	2	37	16
5	0	15	15	35	1	40	21	65	2	38	35
6	0	18	17	36	1	42	51	66	2	39	52
7	0	21	19	37	1	45	17	67	2	41	7
8	0	24	20	38	1	47	41	68	2	42	15
9	0	27	22	39	1	50	5	69	2	43	24
10	0	30	23	40	1	52	28	70	2	44	28
11	0	33	23	41	1	54	48	71	2	45	27
12	0	36	22	42	1	57	4	72	2	46	25
13	0	39	21	43	1	59	19	73	2	47	21
14	0	42	20	44	2	1	33	74	2	48	13
15	0	45	18	45	2	3	43	75	2	49	2
16	0	48	13	46	2	5	52	76	2	48	48
17	0	51	9	47	2	7	57	77	2	50	31
18	0	54	3	48	2	10	1	78	2	51	10
19	0	56	57	49	2	12	4	79	2	51	47
20	0	59	51	50	2	14	3	80	2	52	15
21	1	2	41	51	2	15	59	81	2	52	51
22	1	5	31	52	2	17	52	82	2	53	18
23	1	8	21	53	2	19	44	83	2	53	42
24	1	11	11	54	2	21	33	84	2	54	2
25	1	13	55	55	2	23	19	85	2	54	21
26	1	16	41	56	2	25	3	86	2	54	35
27	1	19	25	57	2	26	45	87	2	54	46
28	1	28	8	58	2	28	23	88	2	54	54
29	1	24	48	59	2	29	59	89	2	54	58
30	1	27	28	60	2	31	33	90	2	55	0

TABULA TEMPORIS RESPONDENTIS

gradibus distantiæ medii secundi Satellitis Jovis ab apogeo medio.

Grad.	H.	'	''	'''
1	0	14	12	59
2	0	28	25	58
3	0	42	38	57
4	0	56	51	56
5	1	11	4	55
6	1	25	17	54
7	1	39	30	53
8	1	53	43	52
9	2	7	56	51
10	2	22	9	50
11	2	36	22	49
12	2	50	35	48
13	3	4	48	47
14	3	19	1	46
15	3	33	14	45
16	3	47	27	44
17	4	1	40	43
18	4	15	53	42
19	4	30	6	41
20	4	44	19	40
21	4	58	32	39
22	5	12	45	38
23	5	26	58	37
24	5	41	11	36
25	5	55	24	35
26	6	9	37	34
27	6	23	50	33
28	6	38	3	32
29	6	52	16	31
30	7	6	29	30

Grad.	H.	'	''	'''
31	7	20	42	29
32	7	34	55	28
33	7	49	8	27
34	8	3	21	26
36	8	17	34	25
36	8	31	47	24
37	8	46	0	23
38	9	0	13	22
39	9	14	26	21
40	9	28	39	20
41	9	42	52	19
42	9	57	5	18
43	10	11	18	17
44	10	25	31	16
45	10	39	44	15
46	10	53	57	14
47	11	8	10	13
48	11	22	23	12
49	11	36	36	11
50	11	50	49	10
51	12	5	2	9
52	12	19	15	8
53	12	33	28	7
54	12	47	41	6
55	13	1	54	5
56	13	16	7	4
57	13	30	20	3
58	13	44	33	2
59	13	58	46	1
60	14	12	59	0

TABULA REVOLUTIONUM SECUNDI

Satellitis Jovis in annis 100.

	Anni elapsi.	D.	H.	′	″	Num. rev.
	1	1	1	43	48	103
	2	2	3	27	37	209
	3	3	5	11	25	306
B	4	3	6	55	14	412
	5	0	19	21	8	516
	6	1	21	4	57	619
	7	2	22	48	45	722
B	8	3	0	32	34	825
	9	0	12	58	28	929
	10	1	14	42	17	1032
	11	2	16	26	5	1135
B	12	2	18	9	54	1238
	13	0	6	35	48	1342
	14	1	8	19	37	1445
	15	2	10	3	25	1548
B	16	2	11	47	14	1651
	17	0	0	13	8	1755
	18	1	1	56	57	1858
	19	2	3	40	45	1961
B	20	2	5	24	34	2064
	21	3	7	8	22	2167
	22	0	19	34	17	2271
	23	1	21	18	5	2374
B	24	1	23	1	54	2477
	25	3	0	45	42	2580
	26	0	13	11	37	2684
	27	1	14	55	25	2787
B	28	1	16	39	14	2890
	29	2	18	23	2	2993
	30	0	6	48	57	3097
	31	1	8	32	45	3200
B	32	1	10	16	34	3303
	33	2	12	0	22	3406
	34	0	0	26	17	3510
	35	1	2	10	5	3613
B	36	1	3	53	54	3716
	37	2	5	37	42	3819
	38	3	7	21	31	3922
	39	0	19	47	25	4026
B	40	0	21	31	14	4129
	41	1	23	15	2	4232
	42	3	0	58	51	4335
	43	0	13	24	45	4439
B	44	0	15	8	34	4542
	45	1	16	52	22	4645
	46	2	18	36	11	4748
	47	0	7	2	5	4852
B	48	0	8	45	54	4955
	49	1	10	29	42	5058
	50	2	12	13	31	5161

TABULA REVOLUTIONUM SECUNDI

Satellitis Jovis in annis 100.

Anni. elapsi.	D.	H.	′	″	Num. Rev.
51	0	0	39	25	5265
B 52	0	2	23	14	5368
53	1	4	7	2	5471
54	2	5	50	51	5574
55	3	7	34	39	5677
B 56	3	9	18	28	5780
57	0	21	44	22	5884
58	1	23	28	11	5987
59	1	3	11	59	6090
B 60	3	2	55	48	6193
61	0	15	21	42	6297
62	1	17	5	31	6400
63	2	18	49	19	6503
B 64	2	20	33	8	6606
65	0	8	59	2	6710
66	1	10	42	51	6813
67	2	12	26	39	6916
B 68	2	14	10	28	7019
69	0	2	36	22	7123
70	1	4	20	11	7226
71	2	6	3	59	7329
B 72	2	7	47	48	7432
73	3	9	31	36	7535
74	0	21	57	31	7639
75	1	23	41	19	7742

Anni elapsi.	D.	H.	′	″	Num. Rev.
B 76	2	1	25	8	7845
77	3	3	8	56	7948
78	0	15	34	51	8052
79	1	17	18	39	8155
B 80	1	19	2	28	8258
81	2	20	46	16	8361
82	0	9	12	11	8465
83	1	10	55	59	8568
B 84	1	12	39	48	8671
85	2	14	23	36	8774
86	0	2	49	31	8878
87	1	4	33	19	8981
B 88	1	6	17	8	9084
89	2	8	0	56	9187
90	3	9	44	45	9290
91	0	22	10	39	9394
B 92	0	23	54	27	9497
93	2	1	38	16	9600
94	3	3	22	4	9703
95	0	25	47	59	9807
B 96	0	17	31	48	9910
97	1	19	15	36	10013
98	2	20	59	25	10116
99	0	9	25	19	10220
B 100	0	11	9	8	10323

TABULA REVOLUTIONUM SECUNDI

Satellitis Jovis in anno.

Januarius.				Num. Rev.
D.	H.	'	"	
0	0	0	0	0
3	13	17	54	1
7	2	35	48	2
10	15	53	42	3
14	5	11	36	4
17	18	29	30	5
21	7	47	24	6
24	21	5	18	7
28	10	23	12	8
31	23	41	6	9
Februarius.				
0	23	41	6	9
4	13	59	0	10
8	2	16	54	11
11	15	34	48	12
15	4	52	42	13
18	18	10	36	14
22	7	28	30	15
25	20	46	24	16
Martius.				
1	10	4	19	17
4	23	22	13	18
8	12	40	7	19
12	1	58	1	20
15	15	15	55	21
19	4	33	49	22
22	17	51	43	23
26	7	9	37	24
29	20	27	31	25

Aprilis.				Num. Rev.
D.	H.	'	"	
2	9	45	25	26
5	23	3	19	27
9	12	21	13	28
13	1	39	7	29
16	14	57	1	30
20	4	14	55	31
23	17	32	49	32
27	6	50	43	33
30	20	8	38	34
Maius.				
0	20	8	38	34
4	9	26	32	35
7	22	44	26	36
11	12	2	20	37
15	1	20	14	38
18	14	38	8	39
22	3	56	2	40
25	17	13	56	41
29	6	31	50	42
Junius.				
1	19	49	44	43
5	9	7	38	44
8	22	25	32	45
12	11	43	26	46
16	1	1	20	47
19	14	19	14	48
23	3	37	8	49
26	16	55	2	50
30	6	12	57	51

TABULA REVOLUTIONUM SECUNDI

Satellitis Jovis in anno.

Julius. D.	H.	′	″	Num. Rev.
0	6	12	57	51
3	19	30	51	52
7	8	48	45	53
10	22	6	39	54
14	11	24	33	55
18	0	42	27	56
21	14	0	21	57
25	3	18	15	58
28	16	36	9	59
Augustus.				
1	5	54	3	60
4	19	11	57	61
8	8	29	51	62
11	21	47	45	63
15	11	5	39	64
19	0	23	33	65
22	13	41	27	66
26	2	59	21	67
29	16	17	15	68
September.				
2	5	35	10	69
5	18	53	4	70
9	8	10	58	71
12	21	28	52	72
16	10	46	46	73
20	0	4	40	74
23	13	22	34	75
27	2	40	28	76
30	15	58	22	77

October. D.	H.	′	″	Num. Rev.
0	15	58	22	77
4	5	16	16	78
7	18	34	10	79
11	7	52	4	80
14	21	9	58	81
18	10	27	52	82
21	23	45	46	83
25	13	3	40	84
29	2	21	34	85
November.				
1	15	39	29	86
5	4	57	23	87
8	18	15	17	88
12	7	33	11	89
15	20	51	5	90
19	10	8	59	91
22	23	26	53	92
26	12	44	47	93
30	2	2	41	94
December.				
0	2	2	41	94
3	15	20	35	95
7	4	38	29	96
10	17	56	23	97
14	7	14	17	98
17	20	32	11	99
21	9	50	5	100
24	23	7	59	101
28	12	25	53	102
1	1	43	48	103

TABULA DIMIDIÆ MORÆ SECUNDI

Satellitis Jovis in umbra Jovis.

Dist. à ☊	Semissis incidentiæ.			Dist. à ☊	Semissis incidentiæ.			Dist. à ☊	Semissis incidentiæ.		
Gr.	H.	′	″	Gr.	H.	′	″	Gr.	H.	′	″
1	1	29	5	31	1	26	30	61	1	21	24
2	1	29	4	32	1	26	21	62	1	21	15
3	1	29	3	33	1	26	11	63	1	21	6
4	1	29	2	34	1	26	2	64	1	20	57
5	1	29	1	35	1	25	52	65	1	20	48
6	1	28	59	36	1	25	42	66	1	20	40
7	1	28	57	37	1	25	32	67	1	20	32
8	1	28	54	38	1	25	22	68	1	20	24
9	1	28	51	39	1	25	12	69	1	20	16
10	1	28	48	40	1	25	2	70	1	20	9
11	1	28	44	41	1	24	52	71	1	20	2
12	1	28	40	42	1	24	41	72	1	19	55
13	1	28	36	43	1	24	30	73	1	19	48
14	1	28	31	44	1	24	19	74	1	19	42
15	1	28	26	45	1	24	8	75	1	19	36
16	1	28	21	46	1	23	57	76	1	19	31
17	1	28	16	47	1	23	46	77	1	19	26
18	1	28	10	48	1	23	35	78	1	19	21
19	1	28	4	49	1	23	24	79	1	19	17
20	1	27	58	50	1	23	13	80	1	19	13
21	1	27	51	51	1	23	2	81	1	19	9
22	1	27	44	52	1	22	51	82	1	19	6
23	1	27	37	53	1	22	41	83	1	19	3
24	1	27	29	54	1	22	31	84	1	19	1
25	1	27	21	55	1	22	21	85	1	18	59
26	1	27	13	56	1	22	11	86	1	18	57
27	1	27	5	57	1	22	1	87	1	18	55
28	1	26	57	58	1	21	51	88	1	18	54
29	1	26	48	59	1	21	42	89	1	18	53
30	1	26	39	60	1	21	38	90	1	18	52

TABULÆ
MOTUUM
TERTII SATELLITIS
JOVIS.

TABULA MEDIORUM MOTUUM

tertii Satellitis Jovis in annis 100.

Anni.	S.	G.	′	″	Anni.	S.	G.	′	″	Anni.	S.	G.	′	″
1	0	5	50	12	34	8	0	59	21	67	3	26	8	29
2	0	11	40	25	35	8	6	49	33	B 68	5	22	17	44
3	0	17	30	37	B 36	10	2	58	48	69	5	28	7	56
B 4	2	13	39	52	37	10	8	49	0	70	6	3	58	9
5	2	19	30	4	38	10	14	39	13	71	6	9	48	21
6	2	25	20	17	39	10	20	29	25	B 72	8	5	57	36
7	3	1	10	29	B 40	0	16	38	40	73	8	11	47	48
B 8	4	27	19	44	41	0	22	28	52	74	8	17	38	1
9	5	3	9	56	42	0	28	19	5	75	8	23	28	13
10	5	9	0	9	43	1	4	9	17	B 76	10	19	37	28
11	5	14	50	21	B 44	3	0	18	32	77	10	25	27	40
B 12	7	10	59	36	45	3	6	8	44	78	11	1	17	53
13	7	16	49	48	46	3	11	58	57	79	11	7	8	5
14	7	22	40	1	47	3	17	49	9	B 80	1	3	17	20
15	7	28	30	13	B 48	5	13	58	24	81	1	9	7	32
B 16	9	24	39	28	49	5	19	48	36	82	1	14	57	45
17	10	0	29	40	50	5	25	38	49	83	1	20	47	57
18	10	6	19	53	51	6	1	29	1	B 84	3	16	57	12
19	10	12	10	5	B 52	7	27	38	16	85	3	22	47	24
B 20	0	8	19	20	53	8	3	28	28	86	3	28	37	37
21	0	14	9	32	54	8	9	18	41	87	4	4	27	49
22	0	19	59	45	55	8	15	8	53	B 88	6	0	37	4
23	0	25	49	57	B 56	10	11	18	8	89	6	6	27	16
B 24	2	21	59	12	57	10	17	8	20	90	6	12	17	29
25	2	27	49	24	58	10	22	58	33	91	6	18	7	41
26	3	3	39	37	59	10	28	48	45	B 92	8	14	16	56
27	3	9	29	49	B 60	0	24	58	0	93	8	20	7	8
B 28	5	5	39	4	61	1	0	48	12	94	8	25	57	21
29	5	11	29	16	62	1	6	38	25	95	9	1	47	33
30	5	17	19	29	63	1	12	28	37	B 96	10	27	56	48
31	5	23	9	41	B 64	3	8	37	52	97	11	3	47	0
B 32	7	19	18	56	65	3	14	28	4	98	11	9	37	13
33	7	25	9	8	66	3	20	18	17	99	11	15	27	25
										B 100	1	11	36	40

TABULA MEDIORUM MOTUUM
tertii Satellitis Jovis in diebus anni.

	Januarius.				Februarius.				Martius.			
Dies.	S.	G.	'	"	S.	G.	'	"	S.	G.	'	"
1	1	20	19	2	5	20	9	20	4	19	2	30
2	3	10	38	5	7	10	28	22	6	9	21	32
3	5	0	57	7	9	0	47	25	7	29	40	35
4	6	21	16	10	10	21	6	27	9	19	59	37
5	8	11	35	12	0	11	25	30	11	10	18	40
6	10	1	54	15	2	1	44	32	1	0	37	42
7	11	22	13	17	3	22	3	35	2	20	56	45
8	1	12	32	20	5	12	22	37	4	11	15	47
9	3	2	51	22	7	2	41	40	6	1	34	50
10	4	23	10	25	8	23	0	42	7	21	53	52
11	6	13	29	27	10	13	19	45	9	12	12	55
12	8	3	48	30	0	3	38	47	11	2	31	57
13	9	24	7	32	1	23	57	50	0	22	51	0
14	11	14	26	35	3	14	16	52	2	13	10	2
15	1	4	45	37	5	4	35	55	4	3	29	5
16	2	25	4	40	6	24	54	57	5	23	48	7
17	4	15	23	42	8	15	14	0	7	14	7	10
18	6	5	42	45	10	5	33	2	9	4	26	12
19	7	26	1	47	11	25	52	5	10	24	45	15
20	9	16	20	50	1	16	11	7	0	15	4	17
21	11	6	39	52	3	6	30	10	2	5	23	20
22	0	26	58	55	4	26	49	12	3	25	42	22
23	2	17	17	57	6	17	8	15	5	16	1	25
24	4	7	37	0	8	7	27	17	7	6	20	27
25	5	27	56	2	9	27	46	20	8	26	39	30
26	7	18	15	5	11	18	5	22	10	16	58	32
27	9	8	34	7	1	8	24	25	0	7	17	35
28	10	28	53	10	2	28	43	27	1	27	36	37
29	0	19	12	12					3	17	55	40
30	2	9	31	15					5	8	14	42
31	3	29	50	17					6	28	33	45

TABULA MEDIORUM MOTUUM
tertii Satellitis Jovis in diebus anni.

Dies.	Aprilis. S.	G.	′	″	Maius. S.	G.	′	″	Junius. S.	G.	′	″
1	8	18	52	47	10	28	24	2	2	28	14	20
2	10	9	11	50	0	18	43	5	4	18	33	22
3	11	29	30	52	2	9	2	7	6	8	52	25
4	1	19	49	55	3	29	21	10	7	29	11	27
5	3	10	8	57	5	19	40	12	9	19	33	30
6	5	0	28	0	7	9	59	15	11	9	49	32
7	6	20	47	2	9	0	18	17	1	0	8	35
8	8	11	6	5	10	20	37	20	2	20	27	37
9	10	1	25	7	0	10	56	22	4	10	46	40
10	11	21	44	10	2	1	15	25	6	1	5	42
11	1	12	3	12	3	21	34	27	7	21	24	45
12	3	2	22	15	5	11	53	30	9	11	43	47
13	4	22	41	17	7	2	12	32	11	2	2	50
14	6	13	0	20	8	22	31	35	0	22	21	52
15	8	3	19	22	10	12	50	37	2	12	40	55
16	9	23	38	25	0	3	9	40	4	2	59	57
17	11	13	57	27	1	23	28	42	5	23	19	0
18	1	4	16	30	3	13	47	45	7	13	38	2
19	2	24	35	32	5	4	6	47	9	3	57	5
20	4	14	54	35	6	24	25	50	10	24	16	7
21	6	5	13	37	8	14	44	52	0	14	35	10
22	7	25	32	40	10	5	3	55	2	4	54	12
23	9	15	51	42	11	25	22	57	3	25	13	15
24	11	6	10	45	1	15	42	0	5	15	32	17
25	0	26	29	47	3	6	1	2	7	5	51	20
26	2	16	48	50	4	26	20	5	8	26	10	22
27	4	7	7	52	6	16	39	7	10	16	29	25
28	5	27	26	55	8	6	58	10	0	6	48	27
29	7	17	45	57	9	27	17	12	1	27	7	30
30	9	8	5	0	11	17	36	15	3	17	26	32
31					1	7	55	17				

TABULA MEDIORUM MOTUUM
tertii Satellitis Jovis in diebus anni.

Dies.	Julius. S.	G.	′	″	Augustus. S.	G.	′	″	September. S.	G.	′	″
1	5	7	45	35	9	7	35	52	1	7	26	10
2	6	28	4	37	10	27	54	55	2	27	45	12
3	8	18	23	40	0	18	13	57	4	18	4	15
4	10	8	42	42	2	8	33	0	6	8	23	17
5	11	29	1	45	3	28	52	2	7	28	42	20
6	1	19	20	47	5	19	11	5	9	19	1	22
7	3	9	39	50	7	9	30	7	11	9	20	25
8	4	29	48	52	8	29	49	10	0	29	39	27
9	6	20	17	55	10	20	8	12	2	19	58	30
10	8	10	36	57	0	10	27	15	4	10	17	32
11	10	0	56	0	2	0	46	17	6	0	36	35
12	11	21	15	2	3	21	5	20	7	20	55	37
13	1	11	34	5	5	11	24	22	9	11	14	40
14	3	1	53	7	7	1	43	25	11	1	33	42
15	4	22	12	10	8	22	2	27	0	21	52	45
16	6	13	31	12	10	12	21	30	2	12	11	47
17	8	2	50	15	0	2	40	32	4	2	30	50
18	9	23	9	17	1	22	59	35	5	22	49	52
19	11	13	28	20	3	13	18	37	7	13	8	55
20	1	3	47	22	5	3	37	40	9	3	27	57
21	2	24	6	25	6	23	56	42	10	23	47	0
22	4	14	25	27	8	14	15	45	0	14	6	2
23	6	4	44	30	10	4	34	47	2	4	25	5
24	7	25	3	32	11	24	53	50	3	24	44	7
25	9	15	22	35	1	15	12	52	5	15	3	10
26	11	5	41	37	3	5	31	55	7	5	22	12
27	0	26	0	40	4	25	50	57	8	25	41	15
28	2	16	19	42	6	16	10	0	10	16	0	17
29	4	6	38	45	8	6	29	2	0	6	19	20
30	5	26	57	47	9	26	48	5	1	26	38	22
31	7	17	16	50	11	17	7	7				

TABULA MEDIORUM MOTUUM

tertii Satellitis Jovis in diebus anni.

Dies.	October.				November.				December.			
	S.	G.	′	″	S.	G.	′	″	S.	G.	′	″
1	3	16	57	25	7	16	47	42	9	26	18	57
2	5	7	16	27	9	7	6	45	11	16	38	0
3	6	27	35	30	10	27	25	47	1	6	57	2
4	8	17	54	32	0	17	44	50	2	27	16	5
5	10	8	13	35	2	8	3	52	4	17	35	7
6	11	28	32	37	3	28	22	55	6	7	54	10
7	1	18	51	40	5	18	41	57	7	28	13	12
8	3	9	10	42	7	9	1	0	9	18	32	15
9	4	29	29	45	8	29	20	2	11	8	51	17
10	6	19	48	47	10	19	39	5	0	29	10	20
11	8	10	7	50	0	9	58	7	2	19	29	22
12	10	0	26	52	2	0	17	10	4	9	48	25
13	11	20	45	55	3	20	36	12	6	0	7	27
14	1	11	4	57	5	10	55	15	7	20	26	30
15	3	1	24	0	7	1	14	17	9	10	45	32
16	4	21	43	2	8	21	33	20	11	1	4	35
17	6	12	2	5	10	11	52	22	0	21	23	37
18	8	2	21	7	0	2	11	25	2	11	42	40
19	9	22	40	10	1	22	30	27	4	2	1	42
20	11	12	59	12	3	12	49	30	5	22	20	45
21	1	3	18	15	5	3	8	32	7	12	39	47
22	2	23	37	17	6	23	27	35	9	2	58	50
23	4	13	56	20	8	13	46	37	10	23	17	52
24	6	4	15	22	10	4	5	40	0	13	36	55
25	7	24	34	25	11	24	24	42	2	3	55	57
26	9	14	53	27	1	14	43	45	3	24	15	0
27	11	5	12	30	3	5	2	47	5	14	34	2
28	0	25	31	32	4	25	21	50	7	4	53	5
29	2	15	50	35	6	15	40	52	8	25	12	17
30	4	6	9	37	8	5	59	55	10	15	31	10
31	5	26	28	40					0	5	50	12

TABULA MEDIORUM MOTUUM
tertii Satellitis Jovis in horis & minutis.

Hor.	S.	G.	'	"	Min.	G.	'	"	Min.	G.	'	"
1	0	2	5	48	1	0	2	6	31	1	5	0
2	0	4	11	35	2	0	4	12	32	1	7	5
3	0	6	17	23	3	0	6	17	33	1	9	11
4	0	8	23	10	4	0	8	23	34	1	11	17
5	0	10	28	58	5	0	10	29	35	1	13	23
6	0	12	34	46	6	0	12	35	36	1	15	28
7	0	14	40	33	7	0	14	40	37	1	17	34
8	0	16	46	21	8	0	16	46	38	1	19	40
9	0	18	52	8	9	0	18	52	39	1	21	46
10	0	20	57	56	10	0	20	58	40	1	23	52
11	0	23	3	44	11	0	23	4	41	1	25	57
12	0	25	9	31	12	0	25	9	42	1	28	3
13	0	27	15	19	13	0	27	15	43	1	30	9
14	0	29	21	6	14	0	29	21	44	1	32	15
15	1	1	26	54	15	0	31	27	45	1	34	21
16	1	3	32	42	16	0	33	33	46	1	36	26
17	1	5	38	29	17	0	35	38	47	1	38	32
18	1	7	44	17	18	0	37	44	48	1	40	38
19	1	9	50	4	19	0	39	50	49	1	42	44
20	1	11	55	52	20	0	41	56	50	1	44	50
21	1	14	1	40	21	0	44	2	51	1	46	55
22	1	16	7	27	22	0	46	7	52	1	49	1
23	1	18	13	15	23	0	48	13	53	1	51	7
24	1	20	19	2	24	0	50	19	54	1	53	13
					25	0	52	25	55	1	55	19
					26	0	54	31	56	1	57	24
					27	0	56	36	57	1	59	30
					28	0	58	42	58	2	1	36
					29	1	0	48	59	2	3	42
					30	1	2	54	60	2	5	48

TABULA DISTANTIÆ TERTII SATELLITIS

Jovis à ♃ in ſemidiametris Jovis.

	Sig. 0. 6.		Sig. 1. 7.		Sig. 2. 8.		
Grad.	Semid.	Min.	Semid.	Min.	Semid.	Min.	
0	0	0	7	11	12	28	30
1	0	15	7	25	12	35	29
2	0	30	7	38	12	42	28
3	0	45	7	51	12	49	27
4	1	0	8	3	12	56	26
5	1	15	8	15	13	2	25
6	1	30	8	27	13	8	24
7	1	45	8	39	13	14	23
8	2	0	8	51	13	20	22
9	2	15	9	3	13	26	21
10	2	30	9	15	13	31	20
11	2	45	9	26	13	36	19
12	3	0	9	37	13	41	18
13	3	14	9	48	13	46	17
14	3	29	9	59	13	50	16
15	3	43	10	10	13	54	15
16	3	57	10	21	13	58	14
17	4	12	10	31	14	2	13
18	4	26	10	41	14	5	12
19	4	40	10	51	14	8	11
20	4	55	11	1	14	11	10
21	5	9	11	11	14	13	9
22	5	23	11	20	14	15	8
23	5	37	11	29	14	17	7
24	5	50	11	38	14	19	6
25	6	4	11	47	14	20	5
26	6	18	11	55	14	21	4
27	6	31	12	4	14	22	3
28	6	45	12	12	14	23	2
29	6	58	12	20	14	23	1
30	7	11	12	28	14	23	0
	11	4	10	5	9	3	Grad.

TABULA DECLINATIONIS TERTII
Satellitis Jovis ab orbita Jovis.

G.	G.	'	''	G.	G.	'	''	G.	G.	'	''
0	0	0	0	30	1	27	28	60	2	31	33
1	0	3	3	31	1	30	14	61	2	33	22
2	0	6	6	32	1	32	40	62	2	34	30
3	0	9	9	33	1	35	17	63	2	35	55
4	0	12	12	34	1	37	50	64	2	37	16
5	0	15	15	35	1	40	21	65	2	38	35
6	0	18	17	36	1	42	51	66	2	39	52
7	0	21	19	37	1	45	17	67	2	41	5
8	0	24	20	38	1	47	41	68	2	42	21
9	0	27	22	39	1	50	5	69	2	43	24
10	0	30	23	40	1	52	28	70	2	44	26
11	0	33	23	41	1	54	48	71	2	45	27
12	0	36	22	42	1	57	4	72	2	46	25
13	0	39	21	43	1	59	19	73	2	47	21
14	0	42	20	44	2	1	33	74	2	48	13
15	0	45	18	45	2	3	43	75	2	49	2
16	0	48	13	46	2	5	52	76	2	48	48
17	0	51	9	47	2	7	57	77	2	50	31
18	0	54	3	48	2	10	1	78	2	51	10
19	0	56	57	49	2	12	4	79	2	51	47
20	0	59	51	50	2	14	3	80	2	52	15
21	1	2	41	51	2	15	59	81	2	52	51
22	1	5	31	52	2	17	52	82	2	53	18
23	1	8	21	53	2	19	44	83	2	53	42
24	1	11	11	54	2	21	33	84	2	54	2
25	1	13	55	55	2	23	19	85	2	54	21
26	1	16	41	56	2	25	3	86	2	54	35
27	1	19	25	57	2	26	45	87	2	54	46
28	1	28	8	58	2	28	23	88	2	54	54
29	1	24	48	59	2	29	59	89	2	54	58
30	1	27	28	60	2	31	33	90	2	55	0

TABULA TEMPORIS RESPONDENTIS
gradibus distantiæ mediæ tertii Satellitis Jovis ab apogæo medio.

Grad.	H.	′	″	‴	Grad.	H.	′	″	‴
1	0	28	39	57	31	14	48	38	14
2	0	57	19	53	32	15	17	18	10
3	1	25	59	50	33	15	45	58	7
4	1	54	39	46	34	16	14	38	3
5	2	23	19	43	35	16	43	18	0
6	2	51	59	39	36	17	11	57	56
7	3	20	39	36	37	17	40	37	53
8	3	49	19	32	38	18	9	17	50
9	4	17	59	29	39	18	39	57	46
10	4	46	39	26	40	19	6	37	43
11	5	15	19	22	41	19	35	17	39
12	5	43	59	19	42	20	3	57	36
13	6	12	39	15	43	20	32	37	32
14	6	41	19	12	44	21	1	17	29
15	7	9	59	8	45	21	29	57	25
16	7	38	39	5	46	21	58	37	22
17	8	7	19	2	47	22	27	17	19
18	8	35	58	58	48	22	55	57	15
19	9	4	38	55	49	23	24	37	12
20	9	33	18	51	50	23	53	17	8
21	10	1	58	48	51	24	21	57	5
22	10	30	38	44	52	24	50	37	1
23	10	59	18	41	53	25	19	16	58
24	11	27	58	38	54	26	47	56	55
25	11	56	38	34	55	26	16	36	51
26	12	25	18	31	56	26	45	16	48
27	12	53	58	27	57	27	14	56	44
28	13	22	38	24	58	27	42	36	41
29	13	51	18	20	59	28	11	16	37
30	14	19	58	17	60	28	39	56	34

TABULA REVOLUTIONUM TERTII
Satellitis Jovis in annis 100.

	Anni.	D.	H.	'	"	Num. Rev.
	1	0	11	42	28	51
	2	0	23	24	56	102
	3	1	11	7	24	153
B	4	0.	22	49	52	204
	5	1	10	32	20	255
	6	1	22	14	48	306
	7	2	9	57	16	357
B	8	1	21	39	44	408
	9	2	9	22	12	459
	10	2	21	4	40	510
	11	3	8	47	8	561
B	12	2	20	29	36	612
	13	3	8	12	4	663
	14	3	19	54	32	714
	15	4	7	37	0	765
B	16	3	19	19	28	816
	17	4	7	1	56	867
	18	4	18	44	24	918
	19	5	6	26	52	969
B	20	4	18	9	20	1020
	21	5	5	51	48	1071
	22	5	17	34	16	1122
	23	6	5	16	44	1173
B	24	5	16	59	12	1224
	25	6	4	41	40	1275
	26	6	16	24	8	1326
	27	0	0	6	56	1378
B	28	6	15	49	4	1428
	29	7	3	31	32	1479
	30	0	11	14	20	1531
	31	0	22	56	48	1582
B	32	0	10	39	16	1633
	33	0	22	21	44	1684
	34	1	10	4	12	1735
	35	1	21	46	40	1786
B	36	1	9	29	8	1837
	37	1	21	11	36	1888
	38	2	8	54	4	1939
	39	2	20	36	32	1990
B	40	2	8	19	0	2041
	41	2	20	1	28	2092
	42	3	7	43	56	2143
	43	3	19	26	24	2194
B	44	3	7	8	52	2245
	45	3	18	51	20	2296
	46	4	6	33	48	2347
	47.	4	18	16	16	2398
B	48	4	5	58	44	2449
	49	4	17	41	12	2500
	50	5	5	23	40	2551

TABULA REVOLUTIONUM TERTII

Satellitis Jovis in annis 100.

	Anni.	D.	H.	'	"	Num. Rev.
	51	5	17	6	8	2602
B	52	5	4	48	36	2653
	53	5	16	31	4	2704
	54	6	4	13	32	2755
	55	6	15	56	0	2806
B	56	6	3	38	28	2857
	57	6	15	20	56	2908
	58	7	3	3	24	2959
	59	0	10	46	12	3011
B	60	7	2	28	20	3061
	61	0	10	11	8	3113
	62	0	21	53	36	3164
	63	1	9	36	4	3215
B	64	0	21	18	32	3266
	65	1	9	1	0	3317
	66	1	20	43	28	3368
	67	2	8	25	56	3419
B	68	1	20	8	24	3470
	69	2	7	50	52	3521
	70	2	19	33	20	3572
	71	3	7	15	48	3623
B	72	2	18	58	16	3674
	73	3	6	40	44	3725
	74	3	18	23	12	3776
	75	4	6	5	40	3827
B	76	3	17	48	8	3878
	77	4	5	30	36	3929
	78	4	17	13	4	3980
	79	4	4	55	32	4031
B	80	4	16	38	0	4082
	81	5	4	20	28	4133
	82	5	16	2	56	4184
	83	6	3	45	24	4235
B	84	5	15	27	52	4286
	85	6	3	10	20	4337
	86	6	14	52	48	4288
	87	7	2	35	16	4439
B	88	6	14	17	44	4490
	89	7	2	0	12	4541
	90	0	9	43	0	4593
	91	0	21	25	28	4644
B	92	0	9	7	56	4695
	93	0	20	50	24	4746
	94	1	8	32	52	4797
	95	1	20	15	20	4848
B	96	1	7	57	48	4899
	97	1	19	40	16	4950
	98	2	7	22	44	5001
	99	2	19	5	12	5052
	100	2	6	47	40	5103

TABULA REVOLUTIONUM
tertii Satellitis Jovis in anno.

D.	H.	′	″	Num. Rev.
Januarius.				
0	0	0	0	0
7	3	59	39	1
14	7	59	19	2
21	11	58	58	3
28	15	58	37	4
Februarius.				
4	19	58	17	5
11	23	57	56	6
19	3	57	36	7
26	7	57	15	8
Martius.				
5	11	56	54	9
12	15	56	34	10
19	19	56	13	11
26	23	55	52	12
Aprilis.				
3	3	55	32	13
10	7	55	11	14
17	11	54	50	15
24	15	54	30	16
Maius.				
1	19	54	9	17
8	23	53	49	18
16	3	53	28	19
23	7	53	7	20
30	11	52	47	21
Junius.				
6	15	52	26	22
13	19	52	5	23
20	23	51	45	24
28	3	51	24	25

D.	H.	′	″	Num. Rev.
Julius.				
5	7	51	4	26
12	11	50	43	27
19	15	50	22	28
26	19	50	2	29
Augustus.				
2	23	49	41	30
10	3	49	20	31
17	7	49	0	32
24	11	48	39	33
31	15	48	18	34
September.				
0	15	48	18	34
7	19	47	58	35
14	23	47	37	36
22	3	47	17	37
29	7	46	56	38
October.				
6	11	46	35	39
13	15	46	15	40
20	19	45	54	41
27	23	45	33	42
November.				
4	3	45	13	43
11	7	44	52	44
18	11	44	31	45
25	15	44	11	46
December.				
2	19	43	50	47
9	23	43	30	48
17	3	43	9	49
24	7	42	48	50
31	11	42	28	51

TABULA DIMIDIÆ MORÆ
tertii Satellitis Jovis in umbra Jovis.

Grad.	H.	'	"	Gr.	H.	'	"	Gr.	H.	'	"
1	1	47	19	31	1	38	8	61	1	17	49
2	1	47	18	32	1	37	34	62	1	17	8
3	1	47	15	33	1	36	59	63	1	16	28
4	1	47	11	34	1	36	23	64	1	15	49
5	1	47	5	35	1	35	47	65	1	15	11
6	1	46	59	36	1	35	10	66	1	14	33
7	1	46	51	37	1	34	32	67	1	13	56
8	1	46	42	38	1	33	54	68	1	13	20
9	1	46	32	39	1	33	15	69	1	12	45
10	1	46	21	40	1	32	36	70	1	12	11
11	1	46	8	41	1	31	56	71	1	11	38
12	1	45	54	42	1	31	15	72	1	11	6
13	1	45	39	43	1	30	34	73	1	10	36
14	1	45	23	44	1	29	52	74	1	10	8
15	1	45	6	45	1	29	10	75	1	9	41
16	1	44	48	46	1	28	27	76	1	9	16
17	1	44	29	47	1	27	44	77	1	8	52
18	1	44	8	48	1	27	2	78	1	8	29
19	1	43	46	49	1	26	19	79	1	8	8
20	1	43	23	50	1	25	37	80	1	7	48
21	1	43	0	51	1	24	54	81	1	7	30
22	1	42	35	52	1	24	11	82	1	7	13
23	1	42	9	53	1	23	28	83	1	6	57
24	1	41	42	54	1	22	45	84	1	6	43
25	1	41	14	55	1	22	2	85	1	6	32
26	1	40	45	56	1	21	20	86	1	6	23
27	1	40	16	57	1	20	37	87	1	6	16
28	1	39	45	58	1	19	54	88	1	6	11
29	1	39	13	59	1	19	12	89	1	6	8
30	1	38	41	60	1	18	30	90	1	6	7

TABULÆ
MOTUUM
QUARTI SATELLITIS
JOVIS.

TABULA MEDIORUM MOTUUM
quarti Satellitis Jovis in annis 100.

Anni.	S. G. ′ ″	Anni.	S. G. ′ ″	Anni.	S. G. ′ ″
1	10 13 27 20	34	1 0 3 28	67	3 16 39 36
2	8 26 54 40	35	11 13 30 48	B 68	2 21 41 12
3	7 10 22 0	B 36	10 18 32 24	69	1 5 8 32
B 4	6 15 23 36	37	9 1 59 44	70	11 18 35 52
5	4 28 50 56	38	7 15 27 4	71	10 2 3 12
6	3 12 18 16	39	5 28 54 24	B 72	9 7 4 48
7	1 25 45 36	B 40	5 3 56 0	73	7 20 32 8
B 8	1 0 47 12	41	3 17 23 20	74	6 3 59 28
9	11 14 14 32	42	2 0 50 40	75	4 17 26 48
10	9 27 41 52	43	0 14 18 0	B 76	3 22 28 24
11	8 11 9 12	B 44	11 19 19 36	77	2 5 55 44
B 12	7 16 10 48	45	10 2 46 56	78	0 19 23 4
13	5 29 38 8	46	8 16 14 16	79	11 2 50 24
14	4 13 5 28	47	6 29 41 36	B 80	10 7 52 0
15	2 26 32 48	B 48	6 4 43 12	81	8 21 19 20
B 16	2 1 34 24	49	4 18 10 32	82	7 4 46 40
17	0 15 1 44	50	3 1 37 52	83	5 18 14 0
18	10 28 29 4	51	1 15 5 12	B 84	4 23 15 36
19	9 11 56 24	B 52	0 20 6 48	85	3 6 42 56
B 20	8 16 58 0	53	11 3 34 8	86	1 20 10 16
21	7 0 25 20	54	9 17 1 28	87	0 3 37 36
22	5 13 52 40	55	8 0 28 48	B 88	11 8 39 12
23	3 27 20 0	B 56	7 5 30 24	89	9 22 6 32
B 24	3 2 21 36	57	5 18 57 44	90	8 5 33 52
25	1 15 48 56	58	4 2 25 4	91	6 19 1 12
26	11 29 16 16	59	2 15 52 24	B 92	5 24 2 48
27	10 12 43 36	B 60	1 20 54 0	93	4 7 30 8
B 28	9 17 45 12	61	0 4 21 20	94	2 20 57 28
29	8 1 12 32	62	10 17 48 40	95	1 4 24 48
30	6 14 39 52	63	9 1 16 0	B 96	0 9 26 24
31	4 28 7 12	B 64	8 6 17 36	97	10 22 53 44
B 32	4 3 8 48	65	6 19 44 56	98	9 6 21 4
33	2 16 36 8	66	5 3 12 16	99	7 19 48 24
				B 100	6 24 50 0

TABULA MEDIORUM MOTUUM
quarti Satellitis Jovis in diebus anni.

Dies.	Januarius.				Februarius.				Martius.			
	S.	G.	'	''	S.	G.	'	''	S.	G.	'	''
1	0	21	34	16	11	0	16	32	7	4	16	0
2	1	13	8	32	11	21	50	48	7	25	50	16
3	2	4	42	48	0	13	25	4	8	17	24	32
4	2	26	17	4	1	4	59	20	9	8	58	48
5	3	17	51	20	1	26	33	36	10	0	33	4
6	4	9	25	36	2	18	7	52	10	22	7	20
7	5	0	59	52	3	9	42	8	11	13	41	36
8	5	22	34	8	4	1	16	24	0	5	15	52
9	6	14	8	24	4	22	50	40	0	26	50	8
10	7	5	42	40	5	14	24	56	1	18	24	24
11	7	27	16	56	6	5	59	12	2	9	58	40
12	8	18	51	12	6	27	33	28	3	1	32	56
13	9	10	25	28	7	19	7	44	3	23	7	12
14	10	1	59	44	8	10	42	0	4	14	41	28
15	10	23	34	0	9	2	16	16	5	6	15	44
16	11	15	8	16	9	23	50	32	5	27	50	0
17	0	6	42	32	10	15	24	48	6	19	24	16
18	0	28	16	48	11	6	59	4	7	10	58	32
19	1	19	51	4	11	28	33	20	8	2	32	48
20	2	11	25	20	0	20	7	36	8	24	7	4
21	3	2	59	36	1	11	41	52	9	15	41	20
22	3	24	33	52	2	3	16	8	10	7	15	36
23	4	16	8	8	2	24	50	24	10	28	49	52
24	5	7	42	24	3	16	24	40	11	20	24	8
25	5	29	16	40	4	7	58	56	0	11	58	24
26	6	20	50	56	4	29	33	12	1	3	32	40
27	7	12	25	12	5	21	7	28	1	25	6	56
28	8	3	59	28	6	12	41	44	2	16	41	12
29	8	25	33	44					3	8	15	28
30	9	17	8	0					3	29	49	44
31	10	8	42	16					4	21	24	0

TABULA MEDIORUM MOTUUM
quarti Satellitis Jovis in diebus anni.

Dies.	Aprilis. S.	G.	′	″	Maius. S.	G.	′	″	Junius. S.	G.	′	″
1	5	12	58	16	3	0	6	16	1	8	48	32
2	6	4	32	32	3	21	40	32	2	0	22	48
3	6	26	6	48	4	13	14	48	2	21	57	4
4	7	17	41	4	5	4	49	4	3	13	31	20
5	8	9	15	20	5	26	23	20	4	5	5	36
6	9	0	49	36	6	17	57	36	4	26	39	52
7	9	22	23	52	7	9	31	52	5	18	14	8
8	10	13	58	8	8	1	6	8	6	9	48	24
9	11	5	32	24	8	22	40	24	7	1	22	40
10	11	27	6	40	9	14	14	40	7	22	56	56
11	0	18	40	56	10	5	48	56	8	14	31	12
12	1	10	15	12	10	27	23	12	9	6	5	28
13	2	1	49	28	11	18	57	28	9	27	39	44
14	2	23	23	44	0	10	31	44	10	19	14	0
15	3	14	58	0	1	2	6	0	11	10	48	16
16	4	6	32	16	1	23	40	16	0	2	22	32
17	4	28	6	32	2	15	14	32	0	23	56	48
18	5	19	40	48	3	6	48	48	1	15	31	4
19	6	11	15	4	3	28	23	4	2	7	5	20
20	7	2	49	20	4	19	57	20	2	28	39	36
21	7	24	23	36	5	11	31	36	3	20	13	52
22	8	15	57	52	6	3	5	52	4	11	48	8
23	9	7	32	8	6	24	40	8	5	3	22	24
24	9	29	6	24	7	16	14	24	5	24	56	40
25	10	20	40	40	8	7	48	40	5	16	30	56
26	11	12	14	56	8	29	22	56	7	8	5	12
27	0	3	49	12	9	20	57	12	7	29	39	28
28	0	25	23	28	10	12	31	28	8	21	13	44
29	1	16	57	44	11	4	5	44	9	12	48	0
30	2	8	32	0	11	25	40	0	10	4	22	16
31					0	17	14	16				

TABULA MEDIORUM MOTUUM
quarti Satellitis Jovis in diebus anni.

Dies.	Julius.				Augustus.				September.			
	S.	G.	'	"	S.	G.	'	"	S.	G.	'	"
1	10	25	56	32	9	4	38	48	7	13	21	4
2	11	17	30	48	9	26	13	4	8	4	55	20
3	0	9	5	4	10	17	47	20	8	26	29	36
4	1	0	39	20	11	9	21	36	9	18	3	52
5	1	22	13	36	0	0	55	52	10	9	38	8
6	2	13	47	52	0	22	30	8	11	1	12	24
7	3	5	22	8	1	14	4	24	11	22	46	40
8	3	26	56	24	2	5	38	40	0	14	20	56
9	4	18	30	40	2	27	12	56	1	5	55	12
10	5	10	4	56	3	18	47	12	1	27	29	28
11	6	1	39	12	4	10	21	28	2	19	3	44
12	6	23	13	28	5	1	55	44	3	10	38	0
13	7	14	47	44	5	23	30	0	4	2	12	16
14	8	6	22	0	6	15	4	16	4	23	46	32
15	8	27	56	16	7	6	38	32	5	15	20	48
16	9	19	30	32	7	28	12	48	6	6	55	4
17	10	11	4	48	8	19	47	4	6	28	29	20
18	11	2	39	4	9	11	21	20	7	20	3	36
19	11	24	13	20	10	2	55	36	8	11	37	52
20	0	15	47	36	10	24	29	52	9	3	12	8
21	1	7	21	52	11	16	4	8	9	24	46	24
22	1	28	56	8	0	7	38	24	10	16	20	40
23	2	20	30	24	0	29	12	40	11	7	54	56
24	3	12	4	40	1	20	46	56	11	29	29	12
25	4	3	38	56	2	12	21	12	0	21	3	28
26	4	25	13	12	3	3	55	28	1	12	37	44
27	5	16	47	28	3	25	29	44	2	4	12	0
28	6	8	21	44	4	17	4	0	2	25	46	16
29	6	29	56	0	5	8	38	16	3	17	20	32
30	7	21	30	16	6	0	12	32	4	8	54	48
31	8	13	4	32	6	21	46	48				

TABULA MEDIORUM MOTUUM

quarti Satellitis Jovis in diebus anni.

Dies.	October.				November.				December.			
	S.	G.	'	"	S.	G.	'	"	S.	G.	'	"
1	5	0	29	4	3	9	11	20	0	26	19	20
2	5	22	3	20	4	0	45	36	1	17	53	36
3	6	13	37	36	4	22	19	52	2	9	27	52
4	7	5	11	52	5	13	54	8	3	1	2	8
5	7	26	46	8	6	5	28	24	3	22	36	24
6	8	18	20	24	6	27	2	40	4	14	10	40
7	9	9	54	40	7	18	36	56	5	5	44	56
8	10	1	28	56	8	10	11	12	5	27	19	12
9	10	23	3	12	9	1	45	28	6	18	53	28
10	11	14	37	28	9	23	19	44	7	10	27	44
11	0	6	11	44	10	14	54	0	8	2	2	0
12	0	27	46	0	11	6	28	16	8	23	36	16
13	1	19	20	16	11	28	2	32	9	15	10	32
14	2	10	54	32	0	19	36	48	10	6	44	48
15	3	2	28	48	1	11	11	4	10	28	19	4
16	3	24	3	4	2	2	45	20	11	19	53	20
17	4	15	37	20	2	24	19	36	0	11	27	36
18	5	7	11	36	3	15	53	52	1	3	1	52
19	5	28	45	52	4	7	28	8	1	24	36	8
20	6	20	20	8	4	29	2	24	2	16	10	24
21	7	11	54	24	5	20	36	40	3	7	44	40
22	8	3	28	40	6	12	10	56	3	29	18	56
23	8	25	2	56	7	3	45	12	4	20	53	12
24	9	16	37	12	7	25	19	28	5	12	27	28
25	10	8	11	28	8	16	53	44	6	4	1	44
26	10	29	45	44	9	8	28	0	6	25	36	0
27	11	21	20	0	10	0	2	16	7	17	10	16
28	0	12	54	16	10	21	36	32	8	8	44	32
29	1	4	28	32	11	13	10	48	9	0	18	48
30	1	26	2	48	0	4	45	4	9	21	53	4
31	2	17	37	4					10	13	27	20

TABULA MEDIORUM MOTUUM
quarti Satellitis Jovis in horis & minutis.

Hor.	G.	'	''
1	0	53	56
2	1	47	51
3	2	41	47
4	3	35	43
5	4	29	38
6	5	23	34
7	6	17	30
8	7	11	25
9	8	5	21
10	8	59	17
11	9	53	12
12	10	47	8
13	11	41	4
14	12	34	59
15	13	28	55
16	14	22	51
17	15	16	46
18	16	10	42
19	17	4	38
20	17	58	33
21	18	52	29
22	19	46	25
23	20	40	20
24	21	34	16

Min.	'	''	Min.	'	''
1	0	54	31	27	52
2	1	48	32	28	46
3	2	42	33	29	40
4	3	36	34	30	34
5	4	30	35	31	27
6	5	24	36	32	21
7	6	17	37	33	15
8	7	11	38	34	9
9	8	5	39	35	3
10	8	59	40	35	57
11	9	53	41	36	51
12	10	47	42	37	45
13	11	41	43	38	39
14	12	35	44	39	33
15	13	29	45	40	27
16	14	23	46	41	21
17	15	17	47	42	15
18	16	11	48	43	8
19	17	5	49	44	2
20	17	58	50	44	56
21	18	52	51	45	50
22	19	46	52	46	44
23	20	40	53	47	38
34	21	34	54	48	32
25	22	28	55	49	26
26	23	22	56	50	20
27	24	16	57	51	14
28	25	10	58	52	8
29	26	4	59	53	2
30	26	58	60	53	56

TABULA DISTANTIÆ QUARTI SATELLITIS

à ♃ in semidiametris Jovis.

	Sig. 0. 6.		Sig. 1. 7.		Sig. 2. 8.		
Grad.	Semid.	Min.	Semid.	Min.	Semid.	Min.	
0	0	0	12	39	21	55	30
1	0	27	13	2	22	8	29
2	0	53	13	25	22	21	28
3	1	20	13	47	22	33	27
4	1	47	14	9	22	45	26
5	2	13	14	31	22	56	25
6	2	39	14	53	23	7	24
7	3	5	15	14	23	18	23
8	3	31	15	35	23	28	22
9	3	57	15	55	23	38	21
10	4	23	16	16	23	47	20
11	4	49	16	36	23	56	19
12	5	15	16	56	24	4	18
13	5	41	17	15	24	12	17
14	6	7	17	34	24	19	16
15	6	33	17	53	24	26	15
16	6	58	18	12	24	33	14
17	7	23	18	30	24	39	13
18	7	49	18	48	24	45	12
19	8	14	19	6	24	50	11
20	8	39	19	23	24	55	10
21	9	4	19	40	24	59	9
22	9	29	19	56	25	3	8
23	9	53	20	12	25	6	7
24	10	17	20	28	25	9	6
25	10	41	20	43	25	12	5
26	11	5	20	58	25	14	4
27	11	29	21	13	25	16	3
28	11	52	21	27	25	17	2
29	12	16	21	41	25	18	1
30	12	39	21	55	25	18	0
	11	5	10	4	9	3	Grad.

TABULA DECLINATIONIS QUARTI
Satellitis Jovis ab orbita Jovis.

G.	G.	"	'	G.	G.	'	"	G.	G.	'	"
0	0	0	0	30	1	27	28	60	2	31	33
1	0	6	3	31	1	30	14	61	2	33	22
2	0	6	6	32	1	32	40	62	2	34	30
3	0	9	9	33	1	35	17	63	2	35	55
4	0	12	12	34	1	37	50	64	2	37	16
5	0	15	15	35	1	40	21	65	2	38	35
6	0	18	17	36	1	42	51	66	2	39	52
7	0	21	19	37	1	45	17	67	2	41	5
8	0	24	20	38	1	47	41	68	2	42	21
9	0	27	22	39	1	50	5	69	2	43	24
10	0	30	23	40	1	52	28	70	2	44	26
11	0	33	23	41	1	54	48	71	2	45	27
12	0	36	22	42	1	57	4	72	2	46	25
13	0	39	21	43	1	59	19	73	2	47	21
14	0	42	20	44	2	1	33	74	2	48	13
15	0	45	18	45	2	3	43	75	2	49	2
16	0	48	13	46	2	5	52	76	2	48	48
17	0	51	9	47	2	7	57	77	2	50	31
18	0	54	3	48	2	10	1	78	2	51	10
19	0	56	57	49	2	12	4	79	2	51	47
20	0	59	51	50	2	14	3	80	2	52	15
21	1	2	41	51	2	15	59	81	2	52	51
22	1	5	31	52	2	17	52	82	2	53	18
23	1	8	21	53	2	19	44	83	2	53	42
24	1	11	11	54	2	21	33	84	2	54	2
25	1	13	55	55	2	23	19	85	2	54	21
26	1	16	41	56	2	25	3	86	2	54	35
27	1	19	25	57	2	26	45	87	2	54	46
28	1	22	8	58	2	28	23	88	2	54	54
29	1	24	48	59	2	29	59	89	2	54	58
30	1	27	28	60	2	31	33	90	2	55	0

TABULA TEMPORIS RESPONDENTIS

gradibus distantiæ mediæ quarti Satellitis Jovis ab apogæo medio.

Grad.	H.	′	″	‴	Grad.	H.	′	″	‴
1	1	7	0	51	31	34	37	26	24
2	2	14	1	42	32	35	44	27	15
3	3	21	2	33	33	36	51	28	6
4	4	28	3	24	34	37	58	28	57
5	5	35	4	15	35	39	5	29	48
6	6	42	5	6	36	40	12	30	39
7	7	49	5	57	37	41	19	31	30
8	8	56	6	48	38	42	26	32	21
9	10	3	7	39	39	43	33	33	12
10	11	10	8	31	40	44	40	34	4
11	12	17	9	22	41	45	47	34	55
12	13	24	10	13	42	46	54	35	46
13	14	31	11	4	43	48	1	36	37
14	15	38	11	55	44	49	8	37	28
15	16	45	12	46	45	50	15	38	19
16	17	52	13	37	46	51	22	39	10
17	18	59	14	28	47	52	29	40	1
18	20	6	15	19	48	53	36	40	52
19	21	13	16	10	49	54	43	41	43
20	22	20	17	2	50	55	50	42	35
21	23	27	17	53	51	56	57	43	26
22	24	34	18	44	52	58	4	44	17
23	25	41	19	35	53	59	11	45	8
24	26	48	20	26	54	60	18	45	59
25	27	55	21	17	55	61	25	46	50
26	29	2	22	8	56	62	32	47	41
27	30	9	22	59	57	63	39	48	32
28	31	16	23	50	58	64	46	49	23
29	3	23	24	41	59	65	53	50	14
30	33	30	25	33	60	67	0	51	6

TABULA REVOLUTIONUM QUARTI

Satellitis Jovis in annis 100.

	Anni. Elapsi.	D.	H.	′	″	Num. Rev.
	1	3	13	52	30	22
	2	7	3	45	0	44
	3	10	17	37	30	66
B	4	13	7	30	1	88
	5	0	3	17	24	111
	6	3	17	9	54	133
	7	7	7	2	24	155
B	8	9	20	54	55	177
	9	13	10	47	25	199
	10	0	6	34	48	222
	11	3	20	27	18	244
B	12	6	10	19	49	266
	13	10	0	12	19	288
	14	13	14	4	49	310
	15	0	9	52	12	333
B	16	2	23	44	43	355
	17	6	13	37	13	377
	18	10	3	29	43	399
	19	13	17	22	13	421
B	20	16	7	14	44	443
	21	3	3	2	7	466
	22	6	16	54	37	488
	23	10	6	47	7	510
B	24	12	20	39	38	532
	25	16	10	32	8	554
	26	3	6	19	31	577
	27	6	20	12	1	599
B	28	9	10	4	32	621
	29	12	23	57	2	643
	30	16	13	49	32	665
	31	3	9	36	55	688
B	32	5	23	29	26	710
	33	9	13	21	56	732

	Anni. Elapsi.	D.	H.	′	″	Num. Rev.
	34	13	3	14	26	754
	35	16	17	6	56	776
B	36	2	12	54	20	799
	37	6	2	46	50	821
	38	9	16	39	20	843
	39	13	6	31	50	865
B	40	15	20	24	21	887
	41	2	16	11	44	910
	42	6	6	4	14	932
	43	9	19	56	44	954
B	44	12	9	49	15	976
	45	15	23	41	45	998
	46	2	19	29	8	1021
	47	6	9	21	38	1043
B	48	8	23	14	9	1065
	49	12	13	6	39	1087
	50	16	2	59	9	1109
	51	2	22	46	32	1132
B	52	5	12	39	3	1154
	53	9	2	31	33	1176
	54	12	16	24	3	1198
	55	16	6	16	33	1220
B	56	2	2	3	57	1243
	57	5	15	56	27	1265
	58	9	5	48	57	1287
	59	12	19	41	27	1309
B	60	15	9	33	58	1331
	61	2	5	21	21	1354
	62	5	19	13	51	1376
	63	9	9	6	21	1398
B	64	11	22	58	52	1420
	65	15	12	51	22	1442
	66	2	8	38	45	1465

TABULA REVOLUTIONUM
quarti Satellitis Jovis in annis 100.

	Anni. Elapsi.	D.	H.	′	″	Num. Rev.
	67	5	22	31	15	1487
B	68	8	12	23	46	1509
	69	12	2	16	16	1531
	70	15	16	8	46	1553
	71	2	11	56	9	1576
B	72	5	1	48	40	1598
	73	8	15	41	10	1620
	74	12	5	33	40	1642
	75	15	19	26	10	1664
B	76	1	15	13	34	1687
	77	5	5	6	4	1709
	78	8	18	58	34	1731
	79	12	8	51	4	1753
B	80	14	22	43	35	1775
	81	1	18	30	58	1798
	82	5	8	23	28	1820
	83	8	22	15	58	1842
B	84	11	12	8	29	1864
	85	15	2	0	59	1886
	86	1	21	48	22	1909
	87	5	11	40	52	1931
B	88	8	1	33	23	1953
	89	11	15	25	53	1975
	90	15	5	18	23	1997
	91	2	1	5	46	2020
B	92	4	14	58	17	2042
	93	8	4	50	47	2064
	94	11	18	43	17	2086
	95	15	8	35	47	2108
	96	1	4	23	11	2131
	97	4	18	15	41	2153
	98	8	8	8	11	2175
	99	11	22	0	41	2197
B	100	14	11	53	12	2219

TABULA Revolutionum
4ⁱ Satellitis Jovis in anno.

D.	H.	′	″	Num. Rev.
Januarius.				
0	0	0	0	0
16	18	5	7	1
Februarius.				
2	12	10	14	2
19	6	15	21	3
Martius.				
8	0	20	28	4
24	18	25	34	5
Aprilis.				
10	12	30	41	6
27	6	35	48	7
Maius.				
14	0	40	55	8
30	18	46	2	9
Junius.				
16	12	51	9	10
Julius.				
3	6	56	16	11
20	1	1	22	12
Augustus.				
5	19	6	29	13
22	13	11	36	14
September.				
8	7	16	43	15
25	1	21	50	16
October.				
11	19	26	56	17
28	13	32	3	18
November.				
14	7	37	10	19
December.				
1	1	42	17	20
17	19	47	24	21

TABULA DIMIDIÆ MORÆ QUARTI

Satellitis Jovis in umbra Jovis.

Grad.	H.	′	″	Gr.	H.	′	″
1	2	22	56	31	1	41	30
2	2	22	46	32	1	38	37
3	2	22	34	33	1	35	26
4	2	22	16	34	1	32	11
5	2	21	54	35	1	28	45
6	2	21	28	36	1	25	4
7	2	20	56	37	1	21	17
8	2	20	20	38	1	17	16
9	2	19	39	39	1	12	55
10	2	18	52	40	1	8	11
11	2	18	1	41	1	3	3
12	2	17	4	42	0	57	46
13	2	16	1	43	0	51	40
14	2	14	53	44	0	44	46
15	2	13	41	45	0	36	34
16	2	12	24	46	0	25	41
17	2	11	3	47	0	4	11
18	2	9	34	48	0	0	0
19	2	8	0				
20	2	6	23				
21	2	4	39				
22	2	2	48				
23	2	0	51				
24	1	58	51				
25	1	56	43				
26	1	54	27				
27	1	52	7				
28	1	49	38				
29	1	47	4				
30	1	44	21				

TABULA DIMIDIÆ MORÆ PRIMI SATELLITIS JOVIS in Jovis difco.

Latitudo.		Dimidia mora centri Satellitis.			ab im. centri ad immerf. marginis.	
G.	′.	H.	′.	″.	′.	″.
0	0	1	11	58	3	29
0	5	1	11	58	3	29
0	10	1	11	58	3	29
0	15	1	11	57	3	29
0	20	1	11	56	3	29
0	25	1	11	55	3	29
0	30	1	11	53	3	29
0	35	1	11	51	3	29
0	40	1	11	49	3	29
0	45	1	11	47	3	29
0	49	1	11	45	3	30
0	53	1	11	42	3	30
0	57	1	11	39	3	30
1	1	1	11	37	3	30
1	5	1	11	34	3	30
1	9	1	11	31	3	31
1	13	1	11	28	3	31
1	17	1	11	24	3	31
1	21	1	11	21	3	31
1	25	1	11	17	3	31
1	29	1	11	13	3	32
1	33	1	11	9	3	32
1	37	1	11	4	3	32
1	40	1	11	0	3	32
1	43	1	10	57	3	32
1	46	1	10	53	3	32
1	49	1	10	50	3	33
1	52	1	10	46	3	33
1	55	1	10	41	3	33
1	58	1	10	37	3	33
2	1	1	10	33	3	33
2	4	1	10	29	3	34
2	7	1	10	25	3	34
2	10	1	10	20	3	34

Latitudo.		Dimidia mora centri Satellitis.			ab im. centri ad immerf. marginis.	
G.	′.	H.	′.	″.	′.	″.
2	10	1	10	20	3	34
2	12	1	10	17	3	34
2	14	1	10	14	3	34
2	16	1	10	11	3	34
2	18	1	10	8	3	34
2	20	1	10	4	3	34
2	22	1	10	1	3	35
2	24	1	9	58	3	35
2	26	1	9	55	3	35
2	28	1	9	51	3	35
2	30	1	9	47	3	35
2	32	1	9	44	3	35
2	34	1	9	40	3	36
2	35	1	9	38	3	36
2	36	1	9	37	3	36
2	37	1	9	35	3	36
2	38	1	9	33	3	36
2	39	1	9	31	3	36
2	40	1	9	29	3	36
2	41	1	9	27	3	36
2	42	1	9	25	3	37
2	43	1	9	23	3	37
2	44	1	9	21	3	37
2	45	1	9	19	3	37
2	46	1	9	17	3	37
2	47	1	9	15	3	37
2	48	1	9	13	3	37
2	49	1	9	11	3	37
2	50	1	9	9	3	38
2	51	1	9	7	3	38
2	52	1	9	5	3	38
2	53	1	9	3	3	38
2	54	1	9	1	3	38
2	55	1	8	59	3	38

TABULA DIMIDIÆ MORÆ SECUNDI SATELLITIS JOVIS
in Jovis disco.

Latitudo.		Dimidia mora centri Satellitis.			ab im. centri ad immerſ. marginis.	
G.	′	H.	′	″	′	″
0	0	1	30	31	4	30
0	5	1	30	30	4	30
0	10	1	30	29	4	30
0	15	1	30	26	4	30
0	20	1	30	23	4	31
0	25	1	30	19	4	31
0	30	1	30	14	4	31
0	35	1	30	8	4	32
0	40	1	30	1	4	32
0	45	1	29	53	4	32
0	49	1	29	46	4	33
0	53	1	29	38	4	33
0	57	1	29	30	4	34
1	1	1	29	21	4	34
1	5	1	29	12	4	35
1	9	1	29	2	4	35
1	13	1	28	51	4	36
1	17	1	28	40	4	36
1	21	1	28	28	4	37
1	25	1	28	15	4	37
1	29	1	28	2	4	38
1	33	1	27	48	4	39
1	37	1	27	34	4	39
1	40	1	27	22	4	40
1	43	1	27	10	4	40
1	46	1	26	58	4	41
1	49	1	26	46	4	42
1	52	1	26	33	4	42
1	55	1	26	20	4	43
1	58	1	26	7	4	43
2	1	1	25	53	4	44
2	4	1	25	38	4	45
2	7	1	25	23	4	46
2	10	1	25	8	4	47
2	10	1	25	8	4	47
2	12	1	24	58	4	48
2	14	1	24	47	4	48
2	16	1	24	36	4	49
2	18	1	24	25	4	50
2	20	1	24	14	4	50
2	22	1	24	3	4	51
2	24	1	23	52	4	52
2	26	1	23	40	4	52
2	28	1	23	28	4	53
2	30	1	23	16	4	54
2	32	1	23	4	4	54
2	34	1	22	52	4	55
2	35	1	22	45	4	55
2	36	1	22	39	4	56
2	37	1	22	33	4	56
2	38	1	22	26	4	57
2	39	1	22	20	4	57
2	40	1	22	13	4	58
2	41	1	22	7	4	58
2	42	1	22	0	4	59
2	43	1	21	54	4	59
2	44	1	21	47	5	0
2	45	1	21	40	5	0
2	46	1	21	33	5	1
2	47	1	21	26	5	1
2	48	1	21	19	5	2
2	49	1	21	12	5	2
2	50	1	21	5	5	3
2	51	1	20	58	5	3
2	52	1	20	51	5	4
2	53	1	20	44	5	4
2	54	1	20	37	5	5
2	55	1	20	29	5	5

TABULA DIMIDIÆ MORÆ TERTII SATELLITIS JOVIS in Jovis disco.

Latitudo.	Dimidia mora centri Satellitis.	ab immerſ. marginis ad im. cent.	ab im. cent. ad immerſ. marginis.	Latitudo.	Dimidia mora centri Satellitis.	ab immerſ. marginis ad im. cent.	ab im. cent. ad immerſ. marginis.
G. ′	H. ′ ″	′ ″	′ ″	G. ′	H. ′ ″	′ ″	′ ″
0 0	1 54 11	5 58	5 59	2 10	1 35 50	7 1	7 12
0 5	1 54 10	5 58	5 59	2 12	1 35 12	7 3	7 15
0 10	1 54 6	5 58	5 59	2 14	1 34 34	7 5	7 19
0 15	1 53 58	5 59	6 0	2 16	1 33 55	7 7	7 23
0 20	1 53 47	5 59	6 0	2 18	1 33 15	7 9	7 27
0 25	1 53 35	6 0	6 1	2 20	1 32 34	7 12	7 31
0 30	1 53 18	6 0	6 2	2 22	1 31 52	7 16	7 35
0 35	1 52 58	6 1	6 3	2 24	1 31 9	7 20	7 39
0 40	1 52 35	6 2	6 4	2 26	1 30 25	7 24	7 43
0 45	1 52 9	6 3	6 5	2 28	1 29 41	7 28	7 47
0 49	1 51 46	6 5	6 7	2 30	1 28 55	7 32	7 51
0 53	1 51 22	6 6	6 8	2 32	1 28 9	7 36	7 55
0 57	1 50 54	6 7	6 9	2 34	1 27 21	7 40	7 59
1 1	1 50 25	6 9	6 11	2 35	1 26 57	7 42	8 1
1 5	1 49 53	6 11	6 13	2 36	1 26 33	7 44	8 3
1 9	1 49 20	6 13	6 15	2 37	1 26 8	7 46	8 5
1 13	1 48 44	6 15	6 17	2 38	1 25 43	7 48	8 7
1 17	1 48 6	6 17	6 19	2 39	1 25 18	7 50	8 10
1 21	1 47 26	6 19	6 22	2 40	1 24 52	7 52	8 13
1 25	1 46 44	6 22	6 24	2 41	1 24 26	7 54	8 16
1 29	1 46 0	6 24	6 27	2 42	1 24 0	7 56	8 19
1 33	1 45 12	6 27	6 30	2 43	1 23 33	7 58	8 22
1 37	1 44 22	6 30	6 33	2 44	1 23 6	8 0	8 25
1 40	1 43 43	6 32	6 36	2 45	1 22 39	8 2	8 28
1 43	1 43 3	6 34	6 39	2 46	1 22 11	8 4	8 31
1 46	1 42 21	6 37	6 42	2 47	1 21 43	8 7	8 34
1 49	1 41 38	6 40	6 45	2 48	1 21 15	8 10	8 37
1 52	1 40 53	6 43	6 48	2 49	1 20 47	8 13	8 40
1 55	1 40 7	6 46	6 51	2 50	1 20 18	8 16	8 43
1 58	1 39 19	6 49	6 54	2 51	1 19 49	8 19	8 47
2 1	1 38 29	6 52	6 59	2 52	1 19 19	8 22	8 51
2 4	1 37 38	6 55	7 3	2 53	1 18 49	8 25	8 55
2 7	1 36 45	6 58	7 8	2 54	1 18 18	8 29	8 59
2 10	1 35 50	7 1	7 12	2 55	1 17 47	8 33	9 3

TABULA DIMIDIÆ MORÆ QUARTI SATELLISTIS JOVIS in Jovis disco.

Latitudo.	Dimidia mora centri Satellitis.	ab imerf. marginis ad im. cent.	ab im. cent. ad imerf. marginis.
G. '	H. ' ''	' ''	' ''
0 0	2 31 52	7 32	7 33
0 4	2 31 48	7 32	7 33
0 8	2 31 38	7 33	7 34
0 12	2 31 17	7 34	7 35
0 16	2 30 51	7 35	7 36
0 20	2 30 14	7 37	7 38
0 24	2 29 29	7 39	7 40
0 28	2 28 37	7 41	7 43
0 32	2 27 37	7 45	7 47
0 36	2 26 28	7 49	7 51
0 40	2 25 11	7 53	7 55
0 44	2 23 44	7 57	8 0
0 48	2 22 7	8 2	8 5
0 51	2 20 49	8 6	8 10
0 54	2 19 24	8 11	8 16
0 57	2 17 54	8 17	8 22
1 0	2 16 18	8 23	8 28
1 3	2 14 36	8 29	8 35
1 6	2 12 49	8 35	8 42
1 9	2 10 55	8 41	8 50
1 12	2 8 52	8 48	9 0
1 15	2 6 43	8 57	9 11
1 17	2 5 12	9 3	9 19
1 19	2 3 38	9 9	9 27
1 21	2 2 1	9 16	9 35
1 23	2 0 20	9 23	9 44
1 25	1 58 34	9 31	9 52
1 27	1 56 44	9 39	10 1
1 29	1 54 51	9 48	10 11
1 31	1 52 54	9 58	10 22
1 33	1 50 51	10 8	10 34
1 35	1 48 42	10 19	10 48
1 37	1 46 27	10 31	11 3
1 39	1 44 7	10 43	11 19
1 39	1 44 7	10 43	11 19
1 41	1 41 42	10 57	11 38
1 43	1 39 10	11 12	11 59
1 45	1 36 32	11 29	12 21
1 47	1 33 46	11 47	12 46
1 48	1 32 19	11 57	13 0
1 49	1 30 50	12 7	13 15
1 50	1 29 19	12 18	13 31
1 51	1 27 47	12 29	13 48
1 52	1 26 12	12 41	14 7
1 53	1 24 33	12 54	14 27
1 54	1 22 51	13 8	14 48
1 55	1 21 6	13 22	15 11
1 56	1 19 18	13 37	15 36
1 57	1 17 27	13 53	16 4
1 58	1 15 32	14 11	16 37
1 59	1 13 35	14 30	17 14
2 0	1 11 32	14 51	17 54
2 1	1 9 22	15 14	18 37
2 2	1 7 6	15 39	19 25
2 3	1 4 45	16 7	20 22
2 4	1 2 19	16 37	21 35
2 5	0 59 48	17 10	23 9
2 6	0 57 10	17 46	25 5
2 7	0 54 23	18 25	27 35
2 8	0 51 26	19 8	31 24
2 9	0 48 10	20 8	39 9
2 10	0 44 35	21 16	
2 11	0 40 46	22 35	
2 12	0 36 35	24 7	
2 13	0 31 40	26 15	
2 14	0 25 55	29 2	
2 15	0 18 12	33 35	
2 16	0 0 0	48 28	

TABULARUM
SATELLITUM JOVIS
USUS PRÆCIPUI.

I.

Ad tempus propositum seculi hujus, & sequentis, mediam cujusvis Satellitis longitudinem reperire.

1°. EPOCHAM mediæ longitudinis ad initium hujus vel sequentis seculi ad meridianum Parisiensem hic accipe.

	1600 Bissextili. Ad meridiem primæ Januarii. *Longitudines mediæ.*				1700 Communi. Ad meridiem præcedentem primam Januarii. *Longitudines mediæ.*			
	S.	*G.*	'	''	*S.*	*G.*	''	'
Primi	1	12	4	0	2	11	29	40
Secundi	2	4	25	0	2	12	14	10
Tertii	5	23	30	0	5	14	47	40
Quarti	1	13	7	0	1	17	22	40

2°. Accipe medios motus cujusvis satellitis ex tabulis, quæ incipiunt pagina 3, 51, 67, & 81 ad annos, menses, & dies labentes (exceptis diebus Januarii & Februarii anni bissextilis, qui accipiendi sunt completi) & ad horas, & & minuta, si dentur.

3°. Hos motus cum epocha in unam summam collige, & habebis mediam longitudinem satellitis.

Exemplum.

Quæratur media longitudo primi satellitis Jovis ad annum 1692. Julii 27. hora 13.

		S.	*G.*	'	''
Epocha	1600	1	12	4	0
	92	11	28	17	0
Julii	21	6	25	41	46
Hora	13	3	20	13	23
Longitudo media		11	26	16	9

I I.

Veram satellitis longitudinem a Jove visam, ejusque apparentem distantiam à Jovis centro reperire.

1°. Habeas ad datum tempus ex tabulis astronomicis verum locum solis, locumque Jovis tam a sole quam a terra visum.

2°. Subtrahe locum Jovis a sole visum a loco solis, & habebis distantiam Jovis a sole: cum qua ex tabula æquationis, quæ habetur pag. 9, accipe æquationem, quam semper subtrahe a longitudine media satellitis supra inventa,

& habebis ipsius longitudinem æquatam. Hæc autem tabula paginæ 9, etiamsi pro primo satellite constructauta sit, aliis etiam deserviet.

3°. Si datum tempus sit post meridiem verum, cum loco solis, adi tabulam æquationis dierum, quæ incipit pagina 42, & æquationem accipe cum titulo A vel S additionem, vel substractionem indicante. Minuta autem æquationis hujus quære in latere tabulæ pag. 7, 36, 72, 86, in qua accipe gradus, & minuta adjacentia, addenda vel subtrahenda longitudini inventæ num. 2°, & habebis veram satellitis longitudinem a Jove visam ad verum tempus a meridie.

4°. Ab hac longitudine satellitis a Jove visa subtrahe locum Jovis a terra visum & remanebit distantia satellitis a Jove. Hanc quære in tabulis pag. 10, 57, 67, 87 accipiendo signa in fronte, vel calce, & gradus in margine, & in occursu habebis distantiam satellitis à centro Jovis a terra visam in semidiametris Jovis, orientalem, si signa distantiæ fuerint à o ad 6; occidentalem, si fuerint a 6 ad 12.

Exemplum.

In casu præcedenti ad annum 1692. Julii 27. hora 13.

	S.	G.	'	''	
Locus solis	4	5	30	0	
Locus Jovis à sole visus	2	4	20		
Distantia Jovis a sole	2	1	10		
Æquatio subtrahenda		1	28	57	
Longitudo media primi satellitis	11	26	16	9	
Longitudo æquata	11	24	47	12	
Locus solis dat æquationem dierum	0	0	5	48	A
In tabula paginæ 8, minuta 5, dant		0	42	24	
Minuta secunda 48 dant			6	47	
Summa		0	49	11	
Addenda longitudini æquatæ	11	24	47	12	
Ut habeatur longitudo vera ad tempus verum	11	25	36	23	
Locus Jovis à terra visus subtrahendus	2	13	46		
Distantia satellitis à Jove	9	11	50	23	

Dat in tabula pag. 10. Jovis semidiametros 5. 33', quæ est distantia satellitis a Jovis centro, a terra visa ad occidentem.

III.

Latitudinem synodicam satellitum a Jovis centro reperire.

1°. Locus nodi borei Jovis ex tabulis Astronomicis deductus subtrahendus est a loco Jovis a terra viso, ut habeatur distantia à nodo; cum qua vel ejus supplemento, si minor fuerit sex signis, vel cum residuo ejusve supplemento, si major fuerit sex signis, adeunda est tabula latitudinis quæ habetur pag. 11. ut habeatur latitudo superioris semicirculi orbitæ Jovis a circulo eclipticæ parallelo, quæ borealis erit in primo casu, australis in secundo.

2°. Hæc latitudo orbitæ comparanda est cum Jovis latitudine à terra visa ex iisdem tabulis supputata; quæ si ejusdem speciei fuerit, eique inæqualis, ut plerumque accidit, subtrahenda est minor a majori, & residua erit latitudo superioris semicirculi Jovialis orbitæ a Jovis centro, denominationis ejusdem quando latitudo Jovis minor fuerit; denominationis contrariæ quando latitudo Jovis major fuerit latitudine orbitæ a circulo eclipticæ parallelo:

Si latitudo orbitæ comparata cum Jovis latitudine speciei ejusdem illi fuerit æqualis, nulla erit latitudo orbitæ a Jovis centro, sed ipsa orbita repræsentabitur recta linea per Jovis centrum transiens.

Si denique latitudo hæc Jovialis orbitæ ab ecliptica diversæ speciei fuerit a latitudine Jovis, quod raro accidit; hæ latitudines simul erunt addendæ, & summa erit latitudo superioris semicirculi Jovialis orbitæ a Jovis centro denominationis contrariæ latitudini Jovis.

3°. Locus nodi satellitum Jovis, qui hoc seculo in gradu 14 Aquarii cum dimidio versatur, subtrahendus est a loco Jovis a terra viso, ut habeatur Jovis distantia a nodo satellitum; cum qua in eadem tabula paginæ 10 primi satellitis declinationem dimidiam a Jovis orbita olim accipiebamus. Sed juxta postremas correctiones, præstat declinationem omnium satellitum a Jovis orbita accipere ex tabula declinationis secundi satellitis, quæ habetur pagina 58, eodem modo quo latitudo orbitæ Jovis ab eclyptica ex tabula pag. 10 accipitur numero 1.

4°. Hæc declinatio orbis satellitis comparanda est cum latitudine orbitæ Jovis numero 2° inventa, quæ si fuerit denominationis ejusdem, earum summa accipienda, ut habeatur latitudo synodica satellitis a Jovis centro, quæ in superiori semicirculo erit etiam denominationis ejusdem cum declinatione. Sed si declinatio orbis satellitis a Jovis orbita, & latitudo orbitæ fuerint denominationis contrariæ, minor a majori subtrahenda est,& relinquetur latitudo synodica superioris semicirculi satellitis a Jovis centro sequens denominationem majoris.

Exemplum.

	S.	G.	'	''
In superiori casu locus Jovis a terra	2	13	46	
Locus nodi borei Jovis	3	9	15	
Distantia a nodo	11	4	31	
Residuum ad circulum	0	25	29	
Latitudo ex tabula paginæ 11. meridionalis			34	25
Latitudo Jovis a terra visa meridionalis			39	30
Latitudo superioris semicirculi orbitæ Jovis septentrionalis			5	5
Locus nodi satellitis	10	14	30	
Locus Jovis visus a terra	2	13	46	
Distantia Jovis a nodo satellitum	3	29	16	
Supplementum	2	0	44	
Dat declinationem a Jovis orbita septentrionalem		2	33	12
Quæ addita latitudini septentrionali orbitæ ab ecliptica			5	5
Dat latitudinem synodicam satellitis a Jovis centro sept.		2	38	17

IV.

Ad annum, mensem diemque propositum proxime futuram eclipsim primi satellitis Jovis invenire.

1°. Accipe has epochas revolutionum cum numeris I. & II. ad annum 1600. pro hoc seculo, & 1700. pro sequenti.

	D.	H.	'	''	Num.I.	Num.II.
Bissext. 1600	0	10	18	40	820	208
Comm. 1700	1	1	16	27	1813	1004

2°. In tabula, quæ incipit pagina 13, quære annum seculi labentem, illique appositos dies, horas, & minuta itemque num. I. & II. Deinde pagina 16 & sequentibus, quære mensem propositum, diemque præcedentem cum horis & minutis, itemque numeris I & II. appositis, quos in unam summam cum præcedentibus, & epocha collige: & habebis diem, horam & minuta conjunctionis mediæ in annis communibus, & decem posterioribus mensibus anni bissextilis; mense autem Januario & Februario anni bissextilis addendus erit diebus inventis dies unus.

3°. Numerum primum, si 2448 non excesserit, quære in margine tabulæ primæ æquationis conjunctionum quæ incipit pagina 21, quem sinistrorsum invenies si non excesserit 1224; dextrorsum si hunc numerum excesserit, nec major sit 2448; si enim hoc numero major sit, exinde hunc numerum subtrahe, & residuum quære in eadem tabula, & e directo accipe æquationem addendam tempori conjunctionis, in primo casu, subtrahendam in secundo, accipe etiam numerum secundum adjacentem applicandum modo contrario summæ numerorum secundorum superius factæ, quæ si excesserit 225. 4, ab ea hunc numerum 225. 4, vel 450. 8 subtrahe, ut habeas numerum secundum æquatum.

4°. Hunc numerum II. æquatum quære in tabula secundæ æquationis conjunctionum pagina 39 & sequenti, & habebis e directo æquationem semper addendam tempori conjunctionis superius inventæ.

5°. Cum numero I. accipe dimidiam moram primi satellitis in umbra, pagina 41, quam adde tempori conjunctionis, si numerus II. minor fuerit 113, & habebis tempus medium emersionis primi satellitis ab umbra: si vero minor non fuerit 113 subtrahe dimidiam moram a tempore conjunctionis, & habebis tempus medium immersionis satellitis in umbram.

6°. Cum loco solis vero ingredere Tabulam æquationis dierum quæ habetur pagina 42, quam contra titulos applica tempori invento, quod medium est; ut habeas immersionis, vel emersionis tempus verum.

Exemplum primum.

Omnium observationem eclipsium primi satellitis Jovis Parisiis habitarum prima fuit, quam D. Picard Regiæ Academiæ nomine faciendam suscepit anno 1668 in experimentum mearum priorum tabularum recens editarum, quæ in diario mensis Decembris illius anni consignata est ad diem 22 Octobris hora 10 41′ 33″ post meridiem.

Hujus immersionis calculus ex novis tabulis sic procedit.

		D.	H.	′	″	Num. I.	Num. II.
Epocha	1600	0	10	18	40	820	208.
In tabula revolutionum:	Anni 68	1	5	32	24	1794	60. 8
	Octobris	20	19	7	36	166	164. 8
Summa	Octobris	22	10	58	40	2780	433. 6
Prima æquatio addenda				30	18	2448	225. 4
		22	11	28	58	332	208. 2
Æquatio secunda addenda				1	7		2. 7
		22	11	30	5		205. 5
Dimidia mora subtrahenda			1	4	6		
		22	10	25	59		
Æquatio dierum addenda				15	36		
Immersionis tempus verum		22	10	41	35		
Observatio		22	10	41	33		

Exemplum ſecundum.

Anno 1684. in Obſervatorio Regio cum P. Fontanay Societatis Jeſu aliiſque Sociis Mathematicis ſecum in Sinas profecturis in ſpecimen obſervationum hujuſmodi ex condicto habendarum ad longitudinis remotiſſimorum locorum determinandas obſervavimus immerſionem primi ſatellitis Jovis in ejus umbram die 21 Decembris hora 16 11′ poſt meridiem.

	D.	*H.*	′	″	*Num. I.*	*Num. II.*
1600	0	10	18	40	820	208.
84	1	7	29	36	200	207. 4
Decembri	19	23	20	0	200	199. 8
Decembri	21	17	8	16	1220	615. 2
Prima æquatio addenda			0	24		450. 8
	21	17	8	40		164. 4
Secunda æquatio addenda			7	57		0. 0
	21	17	16	37		
Dimidia mora ſubtrahenda		1	4	57		154. 4
	21	16	11	40		
Æquatio dierum addenda			0	18		
Immerſionis tempus verum	21	16	11	58		
Obſervatio	21	16	11			

Exemplum tertium.

Abſolutis a prima obſervatione Pariſienſi duabus Jovis revolutionibus annorum 12, anno 1692. obſervavimus immerſionem primi ſatellitis in Jovis umbram die 29 Septembris hora 13 24′ 0 poſt meridiem Pariſiis.

	D.	*H.*	′	″	*Num. I.*	*Num. II.*
1600	0	10	18	40	820	208.
92	1	8	28	12	1851	55. 5
September	27	18	55	48	153	151. 8
	29	13	42	40	2824	415. 3
Prima æquatio addenda			33	2	2448	225 4
	29	14	15	42	376	189. 9
Secunda æquatio addenda			3	41		2. 9
	29	14	19	23		187. 0
Dimidia mora ſubtrahenda		1	4	22		
	29	13	15	1		
Æquatio dierum addenda .			9	54		
Immutaſionis tempus verũ	29	13	24	53		
Obſervatio	29	13	24	0		

Exemplum quartum.

Poſtrema a nobis hactenus obſervatarum eclipſium primi ſatellitis Jovis habita eſt die 24 Januarii anni hujus 1693. qua ejus emerſionem e Jovis umbra obſervavimus teleſcopio pedum 34 hora 10 40′ 5″
quæ teleſcopio pedum 17 eſſet 10 40 28

cc

	D.	H.	′	″	Num. I.	Num. II.
Anno 1600	0	10	18	40	820	208.
93	0	22	39	48	2057	36. 1
Januarii	23	0	11	48	13	13. 5
Januarii	24	9	10	16	2890	257. 6
Prima æquatio addenda			36	8	2448	225. 4
	24	9	46	24	442	32. 2
Secunda æquatio addenda			2	13		3. 2
	24	9	48	37		
Dimidia mora addenda		1	4	57		29. 0
Emerſionis tempus medium	24	10	53	34		
Æquatio dierum ſubtrahenda			13	15		
Emerſionis tempus verum	24	10	40	19		
Obſervatio	24	10	40	28		

In his quatuor exemplis prima ultimaque obſervationum omnium in eadem urbe Pariſienſi ab Academiæ regiæ Aſtronomis hactenus habitarum intervallo viginti quatuor annorum diſtantes, calculiſque tanta fere præciſione quanta haberi obſervando poteſt convenientes, medios tabularum motus primi ſatellitis eximie comprobant. Intermediæ vero obſervationes intra minutum conformes calculis valde diverſas æquationes adhibentibus ipſarum æquationum modos etiam videntur comprobare. Licet vero non alias omnes obſervationes ſive præteriti ſive futuri temporis pari ſubtilitate hæ tabulæ ſint repreſentaturæ, haud tamen ſcimus an his ullum præſtantius præſentiuſque ſubſidium remotiſſimorum locorum longitudinibus inveniendis hactenus fuerit excogitatum, vel aliud excogitandum ſit, de quo tam certum tamque diuturnum ætas noſtra facere poſſit experimentum.

De tabulis aliorum ſatellitum, quorum eclipſes nec adeo ſunt frequentes nec pari ſubtilitate obſervabiles, non idem auſim ſpondere; ideoque non tanti fuit tabularum primi ſatellitis editionem eo uſque differre quoad aliorum trium ſatellitum eclipſibus eadem facilitate ſupputandis ſimiles tabulas abſolveremus. Illis igitur interim aliam formam accommodavimus, quæ præſidio aliarum tabularum Aſtronomicarum magis indiget: quâ in re Danicæ, Philolaicæ & Riccioliauæ Rudolphinis, & Lanſbergianis ad hoc & ſequens ſeculum ſunt præferendæ.

V.

Aliorum trium ſatellitum proxime futuram eclipſim in Jovis umbra ad datam diem ſupputare.

1°. Longitudinem mediam ſatellitis ſupputa ex præcepto primo ad meridiem medium diei propoſitæ,& ab ea ſubtrahe æquationem paginæ 9 juxta præceptum II num. 2, ut habeas longitudinem ſatellitis æquatam.

2°. Hanc longitudinem ſatellitis ſubtrahe a loco Jovis a ſole viſo ex tabulis aſtronomicis deducto, ut habeas diſtantiam ſatellitis a conjunctione ſequente cum Jove a ſole viſa in meridie media.

3°. Hanc diſtantiam quære in tabula paginæ 59 pro ſecundo ſatellite, 75 pro tertio, 89 pro quarto, accipiendo gradus diſtantiæ in margine, & horas & minuta in area, unico ingreſſu, ſi diſtantia non excedat gradus 60, nec ſuperſint minuta, pluribus ingreſſibus, ſi excedat gradus 60, & ſi ſuperſint minuta. Hæ horæ in unam ſummam collectæ, ſi 24 non excedant, oſtendent tempus mediæ eclipſis ſatellitis poſt meridiem mediam diei propoſitæ, ſi 24 excedant eclipſim ad aliam diem different, quam invenies diviſa horarum ſumma per

24 : quotiens enim indicabit quota sit dies conjunctionis proximæ post diem datam, a qua conjunctionis calculum iterum inchoabis.

4°. Locum nodi borei satellitum subtrahe a longitudine satellitis æquata, jam ex numero 1° præcepti hujus comparata, & residua erit distantia satellitis a nodo: cum qua, vel ejus supplemento ex tabulis paginarum 64, 79, 92 accipies dimidiam moram satellitis in umbra Jovis.

5°. Hanc moram dimidiam subtrahe a tempore mediæ eclipsis, & habebis horam immersionis satellitis in umbram Jovis: adde tempori mediæ eclipsis, & habebis horam emersionis, quam reducere opportet ad verum tempus per tabulam æquationis dierum more solito.

Utraque tamen phasis, immersio nempe & emersio non semper conspicua est; primi namque satellitis sola videri potest immersio in umbram a conjunctione Jovis cum sole ad ejus oppositionem, solaque emersio ab umbra ab ejus oppositione cum sole ad conjunctionem, quod etiam frequentius accidit aliis satellitibus prope conjunctiones & oppositiones Jovis cum sole. Secundi autem satellitis rarissimè videri potest in eadem eclipsi immersio, & emersio. Ut enim utraque phasis secundi videri possit, opportet Jovem esse prope quadraturas cum sole, circa maximam satellitum latitudinem & prope Jovis perihelium. Tertii satellitis videri potest utraque phasis, quando distantia Jovis a sole, vel ab ejus opposito excedit gradus 45. Quarti in distantia ejus a sole & ab ejus opposito majori grad. 24, & quandoque etiam minori. Verum in distantia satellitum a nodo graduum 48, aut majori, quartus satelles Jovis umbram penitus effugit.

Exemplum.

Anno 1668. die 11. Januarii Bononia discessurus rarissimam ibi observationem nactus sum secundi Jovis satellitis, qui cum a Jove spatio duarum horarum cum 40 minutis tectus fuisset, emersit ab ejus orientali margine, & post horæ minuta quatuor in Jovis umbram immersus est hora post meridiem 8. 8′: emersit autem ab umbra hora 10 46′.

	S.	G.	′	″		H.	′	″
Epocha 1600	2	4	25	0				
Bissext. 68	0	2	15	8				
Januarii 10	9	23	44	47				
anuarii 11 media longitudo	0	0	24	55				
Locus solis	9	21	10					
Locus Jovis a sole	1	7	33					
Distantia Jovis a sole	8	13	37					
Æquatio paginæ 9 subtrahenda			42	28				
Verus locus satellitis a Jove	11	29	42	27				
Qui subtractus a loco Jovis a sole	1	7	33					
Relinquit distantiam a conjunctione	1	7	51	12				
Hoc est gradus		37	51	12				
In tabula pag. 59.								
Gradus.		37			dat	8	46	0
			51′		dat		11	50
				12″	dat			2
Hora conjunctionis Parisiis						8	57	52

Locus Jovis ex sole	1	7	33
Locus nodi satellitum	10	14	30
Distantia satellitis a nodo	2	23	3
Semissis moræ pagina 64	1h	19′	3″
Ablata ab hora conjunctionis	8	57	52
Relinquit immersionem hora	7	38	49
Addita dat emersionem hora	10	16	55
Locus solis ad hanc horam	9	21	33
Dat æquationem dierum subtrahendam		8	57
Hinc immersionis tempus verum	7	29	52
Emersionis	10	7	58
At Bononiæ fuit immersio	8	8	
Emersio	10	46	
Differentia ergo meridianorum Bononiensis & Parisiensis			
Ex immersione		38	8
Ex emersione		38	2
Quam ex plurium observationum collatione statuimus		38	0

VI.

Incidentiam umbræ cujusvis satellitis in Jovis discum ex ipsius satellitis eclipsi in umbra Jovis deducere.

Dimidiam revolutionem satellitis adde tempori medio ipsius immersionis in umbram Jovis, ipsiusque emersionis ab umbra, & habebis quam proximè, & quantum ad usum satis est, tempus ingressus & egressus umbræ in Jovis disco.

Semisses autem revolutionum hæ sunt.

Primi Satellitis.				Secundi.				Tertii.				Quarti.			
D.	H.	′	″	D.	H.	′	″	D.	H.	′	″	D.	H.	′	″
0	21	14	18	1	18	38	56	2	13	59	50	8	9	2	33

Exemplum.

In exemplo præcedenti supputata est mense Januario 1668. ad meridianum

	D.	H.	″	′
Parisiensem immersio secundi Jovis satellitis in Jovis umbram tempore medio	11	7	38	55
Emersio autem e Jovis umbra	11	10	17	1
Addita dimidia revolutione secundi	1	18	38	56
Habetur umbræ totalis ingressus in Jovis discum Januarii	13	2	17	51
Et initium egressus	13	4	55	57
Dierum æquatio subtrahenda			9	40
Ingressus totalis umbræ tempus verum	13	2	8	11
Initium vero egressus umbræ	13	4	46	17

VII.

Incursus satellitum in Jovis disco supputare.

Id fiet eadem ratione qua supputantur eclipses satellitum a Jovis umbra ex præcepto V. duabus tamen servatis differentiis.

Prima

Prima eſt, quod ubi numero 2°. accipitur locus Jovis a ſole viſus accipiendus eſt locus Jovis viſus a terra pro conjunctionibus in ſuperiori ſemicirculo, at ejus oppoſitum pro conjunctionibus in inferiori ſemicirculo.

Secunda eſt quod loco operationis numero 4°. preſcriptæ invenienda eſt latitudo ſynodica ſatellitis a Jovis centro ex præcepto III. & cum qua ex ultimo tabularum folio accipienda eſt dimidia mora in Jovis diſco, cum tempore ab immerſione marginis & centri. Hoc tempus in primo & ſecundo ſatellite inſenſibiliter differt a tempore ab immerſione centri ad immerſionem marginis; quare idem pro alterutro promiſcue accipimus. In tertio autem & quarto ſatellite, cum duo hæc tempora plerumque ſenſibiliter differant, utrumque in eorum tabulis diſtinctè appoſuimus. In omnibus autem tempus ab immerſione marginis ad immerſionem centri æquale eſt tempori ab emerſione centri ad emerſionem marginis,& reciprocè. Horum temporum uſus tàm ex nomine ipſo, quàm ex exemplo ſatis erit perſpicuus.

Exemplum.

Eadem die 11. Januarii 1668.	S. G. ′ ″
Verus locus ſatellitis a Jove	11 29 42 27
Locus Jovis a terra	0 26 2
Diſtantia ſatellitis a Jove	0 26 19 33
Gradus 26 dant	6h 9′ 37″
Minuta 19 dant	4 30
Minuta ſecunda 33 dant	8
Tempus conjunctionis medium	6 14 15
Æquatio dierum ſubtrahenda	8 57
Tempus conjunctionis verum Pariſiis	6 5 18
Differentia meridiani Bononienſis	0 38
Debuit Bononiæ	6 43 18
Locus nodi borei Jovis	3S 9G 4′ 41″
Locus Jovis a terra	0 26 2 26
Diſtantia Jovis a nodo	9 16 59 45
Reſiduum ad circulum	73 0 15
Latitudo meridionalis competens orbitæ Jovis ab ecliptica pag. 11.	1 16 30
Latitudo Jovis meridionalis	1 13
Latitudo ſuperioris ſemicirculi orbitæ Jovis a Jovis centro meridionalis	3 30
Locus nodi ſatellitis	10 14 30
Locus Jovis a terra	0 26 2
Diſtantia a nodo ſatellitis	2 11 32
Declinatio ſeptentrionalis orbitæ ſatellitis ab ecliptica p.58.	2 45 57
Latitudo orbitæ a Jovis centro meridionalis	3 30
Latitudo ſynodica ſeptentrionalis	2 42 27
Hæc quæſita in tabula paginæ 94 dat dimidiam moram centri ſatellitis	1h 21′ 57″
Et tempus ab emerſione centri & marginis	4 59
Conjunctionis tempus verum Bononiæ	6 43 18
Unde ablata dimidia mora	
Relinquitur immerſio centri.	5 21 21
Unde ablato tempore ab immerſione marginis & centri	

Relinquitur immersio marginis præcedentis	$5^h\ 16'\ 22''$
Addito vero tempore ab immersione centri & marginis	
Habetur immersio totalis in disco	5 26 20
Dimidia mora addita tempori conjunctionis	
Dat emersionem centri	8 5 15
Ablato tempore ab emersione marginis & centri	
Relinquitur emersio marginis præcedentis	8 0 16
Addito tempore ab emersione centri & marginis	
Habetur emersio totalis	8 10 14

Ex observatione.			*Ex calculo.*	*Differentia.*
Immersio totalis	5^h.	24.	$5^h\ 26'\ 20''$	$2'\ 20''$
Emersio marginis seq.	8.	5.	8. 10. 14.	5. 14.

Verum conjunctiones satellitum cum Jove non adeo exacte observari, nec calculo repræsentari possunt, ac eclipses eorundem in Jovis umbra, ac præsertim primi, circa quem, utpote locorum remotissimorum longitudinibus inveniendis aptissimum, præcipuus labor impensus est.

FINIS.

Fautes survenuës dans l'impression de ce Recueil.

VOYAGE D'URANIBOURG.

PAGE *18. ligne 39.* 53. 27. 35. *lisez* 53. 27. 55. *Page 24. ligne 1.* 29. 32. 30. *lisez* 39. 32. 30. *Page 56. ligne derniere*, 3. 32. 30. *lisez* 3. 52. 30. *Page 76. ligne 22.* $4^d\ 32''$, *lisez* $4^d\ 32'$. *Page 91. ligne 23. aprés ces mots* par Mrs Picart & de la Hire, *ajoûtez* comparées avec celles de Mrs Cassini & Romer.

ELEMENS D'ASTRONOMIE.

PAGE *18. nombre 10.* Hauteur du Boreal, *lisez* Hauteur du bord. *Page 21. hauteur 38, réfraction* $56'\ 6''$, *lisez* $16'\ 6''$. *Page 64. ligne derniere* plus orientale, *lisez* plus occidentale. *Page 71. ligne 19.* $71^d\ 34'$, *lisez* $61^d\ 34'$. *Dans la mesme ligne*, 7 degrez plus grande, *lisez* 3 degrez plus petite. *Ligne 25.* $14^d\ 0'$, *lisez* $16^d\ 0'$. *Ligne 26.* $13^d\ 58'$, *lisez* $15^d\ 58'$.

DECOUERTE DE LA LUMIERE.

PAGE *14. ligne 39.* le diamtre, *lisez* le demi-diametre.

HYPOTHESES DES SATELLITES DE JUPITER.

PAGE *19. ligne 9.* du diametre, *lisez* du demi-diametre.

TABULÆ SATELLITUM JOVIS.

PAGINA *99. linea penult.* 821. *lege* 820. *Pagina 100. linea 36.* 160. *lege* 1600.

A PARIS,
DE L'IMPRIMERIE ROYALE,
Par les soins de JEAN ANISSON Directeur de ladite Imprimerie.
M. DC. XCIII.

www.ingramcontent.com/pod-product-compliance
Ingram Content Group UK Ltd.
Pitfield, Milton Keynes, MK11 3LW, UK
UKHW021152260726
13994UKWH00001B/414